Vege料理家・秋場奈奈の

美味《おい》しごと、仕込《しこ》みごと

Introduction

見た目ハレの日、中身はケの日
作りたくなる奈奈ごはん

お料理教室を主宰している身でありながらこんなことを言うと怒られそうですが……、私、とっても面倒くさがりです。ごはん作りは毎日のしごとですし、手間がかかることはたまにでいい。普段の食事は「美味しい」への最短距離をいかに縮めるかを考えながら作っています。

しかしながら、ページをめくって出てきた料理を皆さんが見て、「全然簡単そうじゃないよ！」、「前日から仕込んでるじゃん！」なんて思われるかもしれません。でも、読み進めていただければわかります。基本的に〝ほったらかし〟です（笑）。

ただ、簡単の追求は決して〝手抜き〟ではないと思っているので、簡単に作るための美味しい下準備は、ちゃんとしていますが、そうすることで、逆に効率が良くなるし、失敗がないんです。

例えば、野菜を事前にちょい干ししておけば茹でないで済むので、調理時間も洗い物も短縮できます。ベジ料理家的に言うと、野菜は手が加われば加わるほど栄養をなくしていきます。簡単な工程は、実は体にも良いことなんです。

「体に負担がなくて、日々の体調を整えてくれる」、それがケの日のごはんで最も大切なことだと思っています。でも、見た目まで「ケの日」だと楽しくないから、見た目は「ハレの日」にできるアイデアをプラスする。それが、「見た目ハレの日、中身はケの日」と呼ばれる奈奈ごはんなのだと思います。

人生はきっと長いから、ゆるいスタンスでずーっと継続できる料理がいい。そのために、料理すること自体が楽しくなる、笑みがこぼれてしまうようなコツを。笑ってごはんを食べ続けるための、体を健やかに保つ知恵を。お料理教室でみんなに伝えているそんな色々な事柄を、この本で楽しくシェアしていけたらと思います。真心といっぱいの愛を込めて！

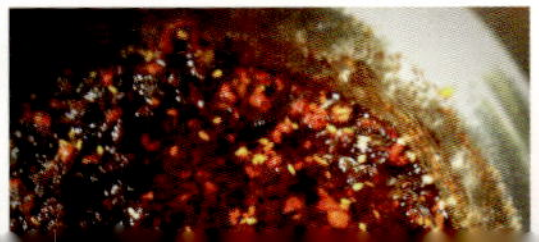

Contents

SMIRNOFF

Chapter

1

野菜が主役の
ワンプレートごはん

NANA's Kitchen

1

野菜だけでも大満足のお料理教室

都内でオーガニックの食材を中心にしたお料理教室を開いています。私はベジタリアンではないので、お肉もたまに使いますが、基本はオール野菜。体にいいということもあるし、私が無類の野菜好きだから、というのもあります。

体験した生徒さんの感想で多いのは「野菜だけなのに、肉料理みたいな満足感でびっくりしました！」というもの。そこに驚いてもらうことは、このお料理教室のひとつの狙いです。

教室は、私ひとりが調理するデモンストレーション形式。4～5品のごは

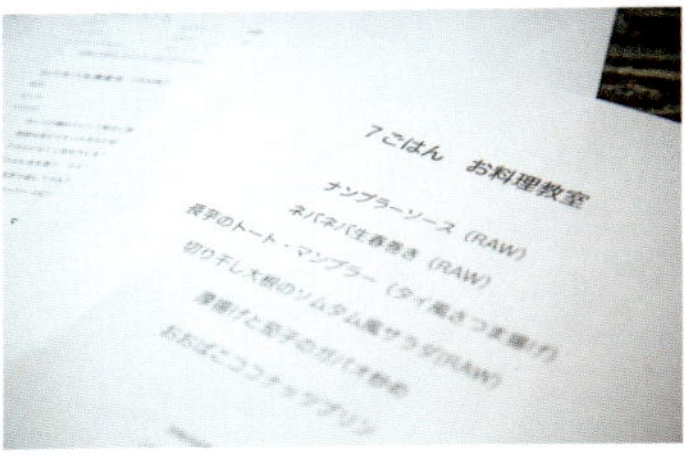

教室は毎回6～7人の少人数制。レシピの紙を渡して、それを見てもらいながらお料理を進め、最後にみんなで奈奈ごはんを食べます。

んができるまでを見てもらいます。

なぜ生徒さんに作ってもらわないのか？ それは簡単な調理しかないのと、レシピ以外も伝えたいことがあるから。どうして肉や魚料理は満足感が高いのか？ では野菜をどう調理すればいいのか？ 使っている食材は体にどう作用するのか？ そんな料理の肝になる知恵を伝えながら、さらに生徒さんたちの体調に合わせて、オイルと塩の話、菌と発酵の話、アレルギーの話など、大切な食の情報もお話ししています。

今までのベジ料理のイメージになかった、満足度の高いごはんを作りながら、その根底に流れている新たな食の価値観をシェアしたい。そんな思いで、日々キッチンに立っています。

NANA's Kitchen

2

ひとつのタレを流用していく ワンプレート

私が料理でまずやることは、味の決め手となるタレを作ること。それを流用しながら調理をしていきます。

例えばタイ料理だったら、最初にナンプラーソースを作ります。それでサラダの味付けをしたり、生春巻きのタレにしたり、ガパオ炒めの隠し味として入れたり。

なぜ流用するのか？それは、料理がすごく簡単になるから。タレの味さえ決まれば、料理の味は簡単に決まります。タレが一緒でも全部同じ味にはならないので大丈夫。野菜ひとつひとつの味や歯ごたえが違うし、生で食べたり炒めたりと調理方法が違えばまたバリエーションが出ます。さらに発酵調味料やスパイスがちょっと加われば、もうそれこそ、別の味。けれどベースには同じ美味しさがあるから、統一感のある一皿になるんです。

私の料理は、ひとり一皿のワンプレートごはんです。小鉢に取り分けたりせず、お皿のキワまで3品も4品も料理を乗せます。洗い物をできるだけしたくない、大ざっぱな性格に合っている形式（笑）。

野菜をそのまま食べてみると、それぞれの甘さを感じることができます。甘みを出す具体的な方法はP18で紹介。

NANA's Kitchen

3

野菜の甘みを出すから どんな砂糖も使いません

私のレシピには、砂糖が一切出てきません。砂糖には体に炎症を引き起こす作用があるので使いたくない、というのが一番の理由ですが、そもそも野菜に甘みが十分にあるので、砂糖の出番がないんです。野菜の甘さはほっとするような優しい味わいで、それぞれ甘みも違っていて、すごく美味しい。それを感じてもらいたいから、デザートであっても砂糖は使いません。

野菜の甘さは、ゆっくり低温で蒸したりソテーしたりすればしっかりと引き出すことができます。どうしても強い甘みがほしいときは、みりんやはちみつを使います。みりんは砂糖の3倍量を入れることで、同じ甘さになります。お米が原料のみりんは、野菜に深い味わいを加えてくれます。

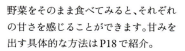

NANA's Kitchen

4

味付けは塩《えん》味《み》&酸味オンリーだから味がブレない

頑張って作ったのに最後の味付けで失敗してしまったという経験は、皆さん少なからずあると思います。その原因は、色んな調味料を使いすぎていること。特に、甘みと塩味を一緒に使うと味がブレやすく、いまひとつなときも。そこで、私の料理教室では、味付けはズバリ、塩味オンリーです。

野菜そのものの旨味が複雑だから、それを引き出せていれば調味料はシンプルでいいんです。しかも塩味だけで調えるなら、しょっぱくなりすぎさえしなければ失敗もない。

また、塩の補佐的な立ち位置で欠かせないのは、酸味です。私は柑橘類で酸味を出します。冬ならレモンや柚子、夏ならすだちなど、旬のものを使います。

手作りのナンプラーソースは、なんでも美味しくしてくれる塩味&酸味の集大成。そのままかけたり、下味にしたり。ソースはレモンを中心に作ります(レシピP38)。

NANA's Method

01

野菜の旨味を仕込む
奈奈ごはんメソッド

弱火でじっくり ウォーターソテー ＆蒸し煮

甘みを引き出す時間 15～20分を省かない

甘みを引き出す方法はふたつあります。ひとつは蒸し煮。鍋に野菜を入れて塩をひと振りし、蓋をして弱火で15～20分火にかけます。水も油も使いません。野菜自ら水を出し、ぐっと甘みが増していきます。

もうひとつはウォーターソテー。これは油の代わりに水を入れて炒める方法で、塩をひと振りし、〝炒め煮〟します。

玉ねぎの調理方法に「飴色《あめいろ》にする」というものがありますが、透明でも甘みは同じ！飴色のために強火にする必要はありません。むしろ、強火は旨味が出づらくなってダメ。15～20分を省かず、優しくじっくり火を通す。すると、鍋の中でマジックが起こったかのように野菜は甘くなってくれます。

NANA's Method

02

野菜の旨味を仕込む
奈奈ごはんメソッド

手のひらの常在菌が野菜と化学反応を起こす

手で揉んで手で混ぜる

お料理教室でよくやるデモンストレーションのひとつに、手のひらに塩をちょっと乗せて、指でグリグリとこねてもらう、というものがあります。混ぜる前と後で味見をすると、ま〜ビックリ！ 塩の味が変化して、まろやかになっているんです。

それは、手のひらの常在菌の働きで塩が発酵をはじめるから。手で調理をすると、食材が化学反応を起こして美味しくなる。これが「手塩にかける」ということです。野菜を揉んだり混ぜたりするのも、手を使います。味見してもらうときも、手から手へ。

常在菌は人によって違うので、同じように作ってもそれぞれ違う旨味の料理になります。目には見えない菌のパワー。偉大です。

肉なしにコクを出す 昔ながらの 伝統調味料

数はいらない！ この4つが最重要

野菜だけのメニューが物足りないと感じるのは、肉や魚のような強いコクが足りないから。逆にコクさえ出せれば、満足感のあるベジ料理を作ることができるんです。

その秘訣は、日本人が昔から使ってきた4つの調味料。みりん、しょうゆ、みそ、酢です。発酵によって何層にも編まれた深い旨味こそ、求めている強いコク。みそ味にせずとも、隠し味にちょっとみそを入れるだけでぐぐーっと味が深くなります。

お料理教室では、調味料をひと匙《さじ》手に乗せて、そのもののコクを味わってもらっています。みんな、ひと舐めして「は〜っ」とため息。旨さに悶絶（笑）。ベジ料理の可能性を感じてもらえる、嬉しい瞬間です。

NANA's Selection

常備しておきたい
奈奈セレクション

そのまま舐めても 超旨い！ みりん

味がそれぞれ違う！ 国産米の甘さ広がる厳選５本

1. 福来純三年熟成本みりん
自家製の純米焼酎を使用。澄んだ甘さがやみつきに。
〈白扇酒造〉

2. 最上白味醂
江戸時代から続く伝統製法による、黄金色のやわらかな味わい。〈馬場本店酒造〉

3. 一子相傳 小笠原味淋
小さな蔵元の手作り麹が活きた、深いコクの逸品。
〈小笠原味淋醸造〉

4. 三州三河みりん
みりんの本場・愛知県三河で製造。濃厚な甘みが特徴。
〈角谷文治郎商店〉

5. 三年熟成
純米本味醂 福みりん
金沢の老舗酒蔵のみりん。円熟した旨味が広がります。
〈福光屋〉

NANA's Method

04

野菜の旨味を仕込む 奈奈ごはんメソッド

野菜を活かす 少しの オイルと塩

油と塩を制する者が健康を制する

　私の料理教室は、専門の先生を招いてオイル塾をやっているほど「質のいい油」にこだわっています。もし、皆さんが普段サラダ油を使っているなら、ぜひそれを玄米油に変えてみてください！ 体の細胞を包む細胞膜は〝油〟ですから、料理に使う油をチェンジするだけで、体調が本当に良くなります。

　また、油と同じく重要視しているのが〝塩〟です。食卓塩として売られている「精製塩」はミネラルやマグネシウムが取り除かれてしまっていることも。いつもの塩を「天然塩」に変えることで、体に欠かせない栄養素を摂ることができるので、まさに「塵も積もれば山となる」。知らぬ間に体によく作用してくれるのです。そして、それは逆もしかりです。

Study

04

体内のミネラルバランスを整える湖塩とマグマ塩

この3種類をローテーションする!

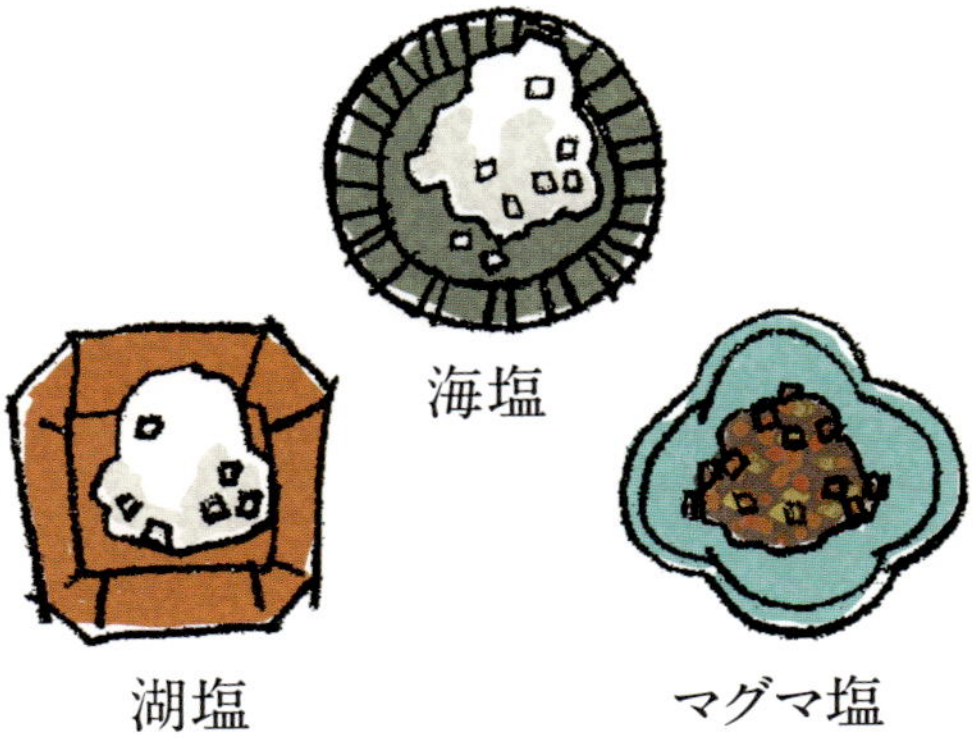

塩分濃度が高い湖の塩

塩湖の水が長い年月をかけ濃縮。塩化ナトリウムの純度が高く塩気が強い。

高温で焼かれた卵風味の岩塩

地下から採掘された岩塩。抗酸化力や還元力が高く、細胞が早く回復する。

食べた塩の種類に体は染まる!?

人の体の塩分濃度は約0・9%。500㎖のペットボトルに水と小さじ1杯弱の塩を入れると、体液とほぼ同じ塩分濃度になります。風邪をひいたときなど、天然塩を入れて、約0・9%の経口補水液を作っています。

たかが0・9%と思うなかれ。体の6割は体液が占めているので、体内の塩分はあなどれない量です。摂取した塩に体が染まっている、と言ってもいいかもしれません。

塩の種類は海塩、湖塩、岩塩（マグマ塩含む）の3つ。湖で採れる湖塩と地層から採れる岩塩は陸地の塩のため、海塩とはミネラルの純度が違います。島国育ちの日本人は海塩に偏りがち。3つをローテーションして、ミネラルのバランスをとることが大切です。

Study

04

油の質が細胞の質 体に正しく油をさしていく

いらない油　　控えめに　　オススメの油

1ヶ月で使いきる!

・えごま油　　特に酸化が早いので、小瓶での購入を。

半年で使いきる!

・玄米オイル
・ココナッツオイル

加熱調理もできて、比較的酸化しにくいのがこのふたつ。とはいえ、最長でも半年以内には使い切ります。

4ヶ月で使いきる!

・その他の油　　なるべく遮光瓶の物を選びましょう。

加熱するなら、玄米＆ココナッツオイル

塩と同じく、自分の体がどういう油で満たされているか、ということはすごく重要です。脳の60～65％が油分だったり、細胞や血管の膜が油に守られていたりと、油が持っている役割は大きなもの。栄養価を吸収するための膜に良い油が足りないのは、扉が錆びているのと一緒で、良い栄養を取り入れられないし、悪いものも出せないのです。

オイルは玉石混淆《ぎょくせきこんこう》で、良い油も悪い油もあります。加熱に優秀なのは、ココナッツオイルと玄米オイル。玄米オイルは強力な抗酸化力があって、加熱調理も可能です。加熱ＮＧですが、えごまオイルも良質。私はすべて、オーガニックの物を使っています。ただし、良い油でも使いすぎには注意。

NANA's Selection

常備しておきたい
奈奈セレクション

天然の塩と油が体を作る！ ソルト・オイル

丁寧に抽出された
天然の栄養をそのままに

1. パタゴニアソルト・ファイン
アルゼンチンの湖からとれた湖塩。〈 GIGA 〉

2. ヒマラヤ岩塩・食用
山のミネラルが濃縮したマグマ塩。〈 AMRITARA 〉

3. 岩戸の塩
原材料は海水のみ。三重県の二見浦の自然海塩。〈岩戸館〉

4. ぬちまーす
海そのままのミネラルをバランス良く結晶させた沖縄海塩。

5. エクストラ バージン ココナッツ オイル
中鎖脂肪酸が豊富な万能オイル。〈 Garden of Life 〉

6. 和の玄米オイル
天然の抗酸化成分がたっぷり。〈 リブレライフ 〉

7. 搾りたて えごま油
無農薬栽培のえごまを低温圧搾で抽出。〈 地と手 〉

8. 有機亜麻仁油 オーガニック フラックスシード オイル
オメガ3脂肪酸の宝庫。〈 ラインズ 〉

9. プレミアム サチャインチオイル
「インカの宝石」と呼ばれるアマゾン産ナッツが原料。〈 PACHAMAMA 〉

NANA's Method

05

野菜の旨味を仕込む
奈奈ごはんメソッド

一日干しした野菜は旨味3割増し

ビタミンDが増えるちょい干しのススメ

食材そのものの旨味をアップさせるために、窓辺やベランダで野菜を干します。竹ざるや部屋に吊るしたネットに、調理する形にカットしたきのこや根菜を置き、一日放っておくだけ（笑）。名づけて〝ちょい干し〟です。それだけでもコクや甘みがギュッと凝縮します。

きのこは味がすごく締まって、お肉や魚介類みたいな歯ごたえになるので煮込みや炒め物に。根菜は茹でずに済むので、サラダに入れたり漬物にしたり、生のまま食べられるので栄養を逃がしません。干すことで塩もみしても水分が出にくく、ビタミンDも増えるのでいいことづくし。ビタミンDは、万能ビタミンと呼ばれるほど優れていて、インフルエンザ予防にも効果的です。

簡単！ちょい干し野菜

・エリンギ

そのままだと肉厚でカビることがあるので、カットしてから干します。アワビのような食感に変身！

・だいこん

ちょい干しでサラダはもちろん、長く干して切り干し大根にしても。乱切りをグリルしても美味しい！

・にんじん

千切りにしてちょい干しすればくったりするので、サラダで大活躍。色味がキレイなので、登場回数も多めです。

Before!

ロールキャベツの葉は干すと茹でずにすむ！

葉ものは洗濯物のハンガーに留めます。1日経つと、水分が抜けて靴下みたいになるのがかわいい。くたくたになるのでロールキャベツも生で巻けます。火を通さないから栄養も減りません。

くったりして巻きやすい！

NANA's Method

06

野菜の旨味を仕込む
奈奈ごはんメソッド

玄米と豆は発芽させてから食べる

差は歴然！生きたサプリメント

水を張ったボウルの中を覗き、プリッと芽を出したひよこ豆を見てニッコリ。ああ、生きてるね！と嬉しくなります。

私は豆や玄米を、毎回発芽させてから調理しています。させない理由がないほどに、発芽は良いことだらけ。眠っている段階から芽を出す段階へと進んだ植物は、自分でエネルギーを生み出すパワフルな状態になります。栄養価がグンと高まり、消化吸収率も上がって、旨味も増す。同じ豆でも、発芽する前とした後では別人（別豆？）です。発芽後は、一粒一粒がまるで生きたサプリメントのよう。

発芽のために浸水させると、水を吸って柔らかくなり、火にかける時間も短縮するというエコなオマケつき。

Study

06

消化阻害物質のロックを外して食べる

Point 1 浸水（ソーク）する！

玄米は24時間浸水させてから炊く！

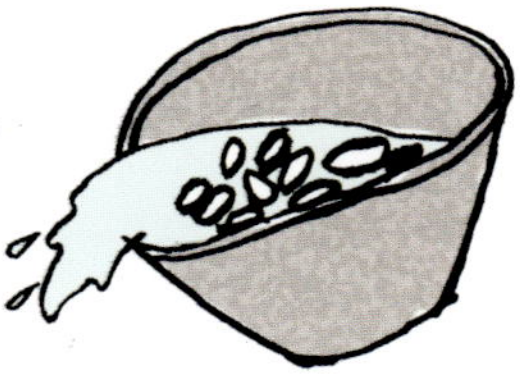

冬は1日1回、夏は2回水を替えて！

ちなみに…

生ナッツも浸水させた方がベター

アーモンド

8時間

カシューナッツ

2時間

クルミ

2時間

種には我が身を守るバリアがある

米や豆が繁殖エリアを広げるためには、一度動物に食べてもらい、そのまま糞で出してもらう必要があります。動物が消化できないほど、頑丈なバリアで身を守っている。実はこれが、発芽前の米や豆の状態です。

それがヒトの体内に入ると、どうなるか？なんとか消化しようと消化液や酵素が頑張りますが、結局できずに体が消耗します。

そんなバリア＝消化阻害物質のロックを外すのが、暗い場所で水に浸け置く〝ソーク〟という作業。浸水時間や水の入れ替え頻度は植物によって違うので、最初は慣れないかもしれませんが、作業としては「浸ける」、「水を替える」だけなので、一度やってしまえば意外と簡単だと感じるはずです。

Study 06

から炒りでも ロックは外せるし アレンジも旨し

Point 2 から炒りする！

炊くには
向きません！
かたくなっちゃう…

玄米ソルトにも！

塩を足してミルで挽くだけ
風味のある食卓塩に

そのまま食べても！

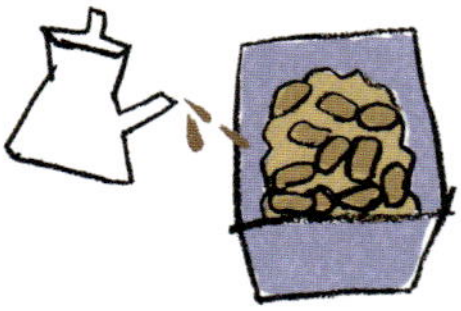

しょうゆでせんべい風の
美味しさに

玄米は炊く以外にも美味しく食べられる！

消化阻害物質のロックは、から炒りでも外せます。火にかけると、ポップコーンのような状態に種がはじけて、消化できる状態になります。

ただし、ソークではどうしてもロックを外すことができないものもあります。それは、種がすでに死んでいて発芽しないもの。高温乾燥させられた市販の発芽玄米は浸水しても生き返りません。でも、そんなときはから炒りすればＯＫ。ロックを外すことができます。から炒りした玄米は歯ごたえがあり、スナックのようにも食べられます（サラダにも◎）。それをミルサーで粉砕して塩を混ぜると、旨味のある炒り玄米塩になります。どちらも香ばしくて美味。

お米は原種に近いものを。迷ったときは「ササニシキ」

私は小さいころからアレルギー体質で、お米にも敏感でした。品種改良を重ねた物にはアナフィラキシーショックが出たことも。そんな自分の体にいちばん合ったのは、昔ながらの原種のお米でした。人工的な力が加えられる前の時代、ササニシキやコシヒカリ以前のお米。下で紹介している「旭1号」は、ササニシキとコシヒカリの3代前の祖先で、「農林22号」はコシヒカリの親です。

また商品に限らず私がオススメするなら、古くから日本人が食べてきた原種に近く消化がしやすいササニシキ。現在のコシヒカリはモチモチして甘く、消化が悪いものが多いので毎日食べるには体に負担がかかります。お米は毎日食べるものだから、体に作用する比重も大きいのです。

NANA's Selection

常備しておきたい奈奈セレクション

お米

原種に近い消化の良いお米

ササニシキとコシヒカリのもとになったお米たち

旭1号

無農薬・無肥料で作られる原種で、お米屋さんも知らないほどのレア米。「幻の米」と呼ばれています。
〈健康ストア健友館〉

農林22号

こちらも無農薬・無肥料。昭和初期～中期によく栽培されていました。味はさっぱり、昔食べたお米の味。
〈天神自然農園〉

目からも食べてほしい フィトケミカルの魔法

ビーツのピンク。紫キャベツのパープル。自然から生まれたものとは思えないような、ビビッドでカラフルな色の野菜が大好きです。

ザクッと切ってピンクが現れるとワクワク。塩とオイルをかけて食べるだけでも、あ〜キレイ！と楽しくなります。

素晴らしいカラーの野菜たちは、近年、その色そのものに「フィトケミカル」という体に良い成分があることがわかりました。

気分が上がるキレイな色の野菜を、できるだけその色が保たれた状態で食べる。口からだけじゃなく、目からも食べる。すると、体の内側から変わっていく。それは、日々のちょっとした魔法かもしれません。

フィトケミカルとは…？

野菜や果物の色素や香り、苦味に含まれる成分のこと。体を錆びさせる原因となる活性酸素を取り除き、免疫力を高める効果などが期待されています。5大栄養素＋食物繊維に続く第7の栄養素として注目を集めています。

FAVORITE COLOR

RED CABBAGE

RED RADISH

BEATS

RED CAULIFLOWER

Welcome to NANA Gohan!

7か国のワンプレートレシピ

私のお料理教室の中でも
特に反響が多く、
何度もリピートしている
7か国のレシピを
ご紹介します!

01 THAILAND タイ

02 INDIA インド

03 CHINA 中国

04 ITALY イタリア

05 JAPAN 日本

06 MEXICO メキシコ

07 KOREA 韓国

THAILAND タイ

ベジガパオと生春巻きプレート

手作りのナンプラーソースから広がる微笑みごはん

微笑みの国・タイのワンプレート。その決め手となるのは、すべての料理に流用するナンプラーソースです。レモンとみりんとナンプラーを同量で混ぜることさえ覚えていれば、まず失敗はありません。レモンに個体差があるので最初に絞り、その量に合わせてふたつを入れれば計りも不要です。

01

Menu

- 基本のナンプラーソース
- 厚揚げとなすのガパオ（バジル）炒め
- ネバネバ生春巻き
- 切り干し大根のソムタム風サラダ

仕込みダレ

基本の ナンプラーソース

野菜にも肉にも合う
オールマイティーな調味料

材料

- レモン汁 ……… 50cc
- みりん ……… 50cc
- ナンプラー ……… 50cc
- 生唐辛子 ……… お好みの量
- にんにく（すりおろし） ……… 少々

作り方

1. 生唐辛子は小口切りにし、すべての材料を混ぜ合わせる。フレッシュなレモンを使うことで味が決まります。レモン汁、ナンプラー、みりんが1：1：1になるように。

＊冷蔵庫で1ヶ月保存できます。

Source Arrange!

ガドガドソース

材料

- ナンプラーソース ……… 100cc
- 練りごま（ピーナッツバターでも） ……… 大さじ1
- 生唐辛子 ……… お好みの量
- しょうが（すりおろし） ……… 1片

仕込みダレ

ナンプラーソース＋αで
コク旨なタレに変身！

作り方

1. 生唐辛子を小口切りにし、すべての材料を混ぜ合わせる。

① Point!

グリルした野菜にかけるだけでひと品できるし、蒸し鶏にかければバンバンジー風に。もちろん生の野菜にも合います。

厚揚げとなすの
ガパオ(バジル)炒め

材料(4人分)

- 絹豆腐 …… 1丁
- バジル …… お好みの量。多めが美味しい
- なす …… 2〜3個
- パプリカ …… 2個
- エリンギ …… 4個
- 玉ねぎ …… 1個
- にんにく …… 3片分
- しょうが …… 4片分
- ナンプラーソース …… 適量
- みそ …… 大さじ1
- 塩 …… 少々
- 片栗粉(同量の水で溶く) …… 適量
- ココナッツオイル …… 適量

① Point!

P26-27のちょい干しメソッド。こうすることで味が締まり肉っぽくなります。ここで旨味を一段UP。

Not肉、But肉料理!?
がっつりベジ料理の代表格

作り方

1. エリンギは1cm角に切り、前日から干しておく。

2. 豆腐は水切りして2cm角に切り、フライパンにココナッツオイルをひき、軽く焦げ目が付くように揚げ焼きにする。形が崩れても大丈夫。 P40に続く

自家製厚揚げを作る

ほしいのは香ばしさなので、揚げなくてもちょっとの油で"揚げ焼き"すればOK。カリッと焼き目がつけば十分です。

厚揚げとなすの
ガパオ（バジル）炒め

作り方

3. P39の続き なす、パプリカ、玉ねぎをそれぞれ1cm角に切っておく。にんにく、しょうがはみじん切りにする。

4. 切ったなすに軽く塩をして20分ほど置いてしんなりさせ、浸透圧で出た水分を捨てる。こうすると余計な油を吸わずに調理できます。

5. 蓋付き鍋にココナッツオイルをひき、にんにく、しょうがを炒める。

6. 香りがでたら**1**～**4**と塩少々を入れて混ぜ合わせ、蓋をして中火で15分ほど蒸し焼きにする。

7. みそを入れてからナンプラーソースで味をととのえ、水溶き片栗粉でまとめる。

8. 火を止めバジルを入れて混ぜ合わせる。最後にお好みでナンプラーソースをかける。

なす自身の
水分を含ませる!

④ Point!

なすは身がスポンジ状なので、すごく油を吸ってしまいます。塩をふると浸透圧でスポンジの隙間になす自身の水分が入り、油の吸収を抑制します。

⑥ Point!

油をひいても、P18の蒸し煮の原理は使えます!

ネバネバ生春巻き

**ボウルで食べるような量の
野菜をギュッと1本に**

材料(4人分)

- ライスペーパー …… 4枚
- オクラ …… 4本
- 納豆 …… 2パック
- にんじん …… 1/2本
- 紫キャベツ …… 3枚
- アボカド …… 1個
- パクチー …… 40g
- ナンプラーソース …… 適量

作り方

1. オクラは生のまま輪切りにして、納豆と混ぜて粘りを出し、ナンプラーソースで味をととのえる。 P42に続く

ナットウキナーゼを出す!

白いネバネバが出れば出るほどいいので、とにかくよ〜く混ぜる! ナットウキナーゼという成分が血液をサラサラにしてくれます。

ネバネバ生春巻き

作り方

2. P41の続き にんじん、紫キャベツは千切り（野菜は季節野菜をお好みで）。

3. アボカドはくし型スライスにする。柔らかい場合はペースト状にする。パクチーは2cmにカット。

4. ボウルに水を張り、ライスペーパーをさっとくぐらせてから、手前中央にお好みの具を置き、両端を折り返してクルクル巻く。

5. ナンプラーソースにつけて食べる。

④ Point！

ライスペーパーの手前中央に、お好みの野菜をお好みの量、乗せます。

その上に、オクラと混ぜた納豆を乗せます。こちらも量はお好み。

両端を内側に折り、中身をギュッと押さえながら下から返します。

具が出ないよう押さえ続けながら返し、キレイな面がくるりと出れば完成！

切り干し大根の
ソムタム風サラダ

大根の中に
トマトの旨味がぎゅっと

材料（4人分）

・にんじん（できれば1日干す）	1本
・インゲン	8本
・Rawナッツ（ソーク済み）	1つかみ
・トマト	2個
・切り干し大根	80g
・ナンプラーソース	適量

作り方

1. にんじんは千切り、インゲンは3cmくらいに切る。

2. トマトは手でつぶし、切り干し大根になじませ、**1**とナッツ、ナンプラーソースを加え混ぜ合わせる。

＊ナッツ類は生で食べるときは消化阻害物質があり、ソーク（浸水）するか、炒ることで消化しやすくなります。ソーク時間は種ごとに違います。

② Point!

手を使ってガッツリ揉み込んでいきます。常在菌、発動！

トマトの水だけで切り干し大根を戻す！

干した野菜を別の野菜の水分で戻すと旨味がダブルパンチに。大根にトマトが染み込みます。

INDIA インド

発芽ひよこ豆のカレープレート

米と豆をダブルで発芽！自然のサプリメントを食べる

　インドプレートは、消化阻害物質のロックを外した米と豆を味わう、サプリメント的ひと皿。ポイントはスパイスをしっかり効かせること。カレーは市販のルーではなく、お好みの香辛料を足したカレー粉がベストです。私が好きな香辛料は、カルダモン！ついつい、レシピより多く入れてしまいます。

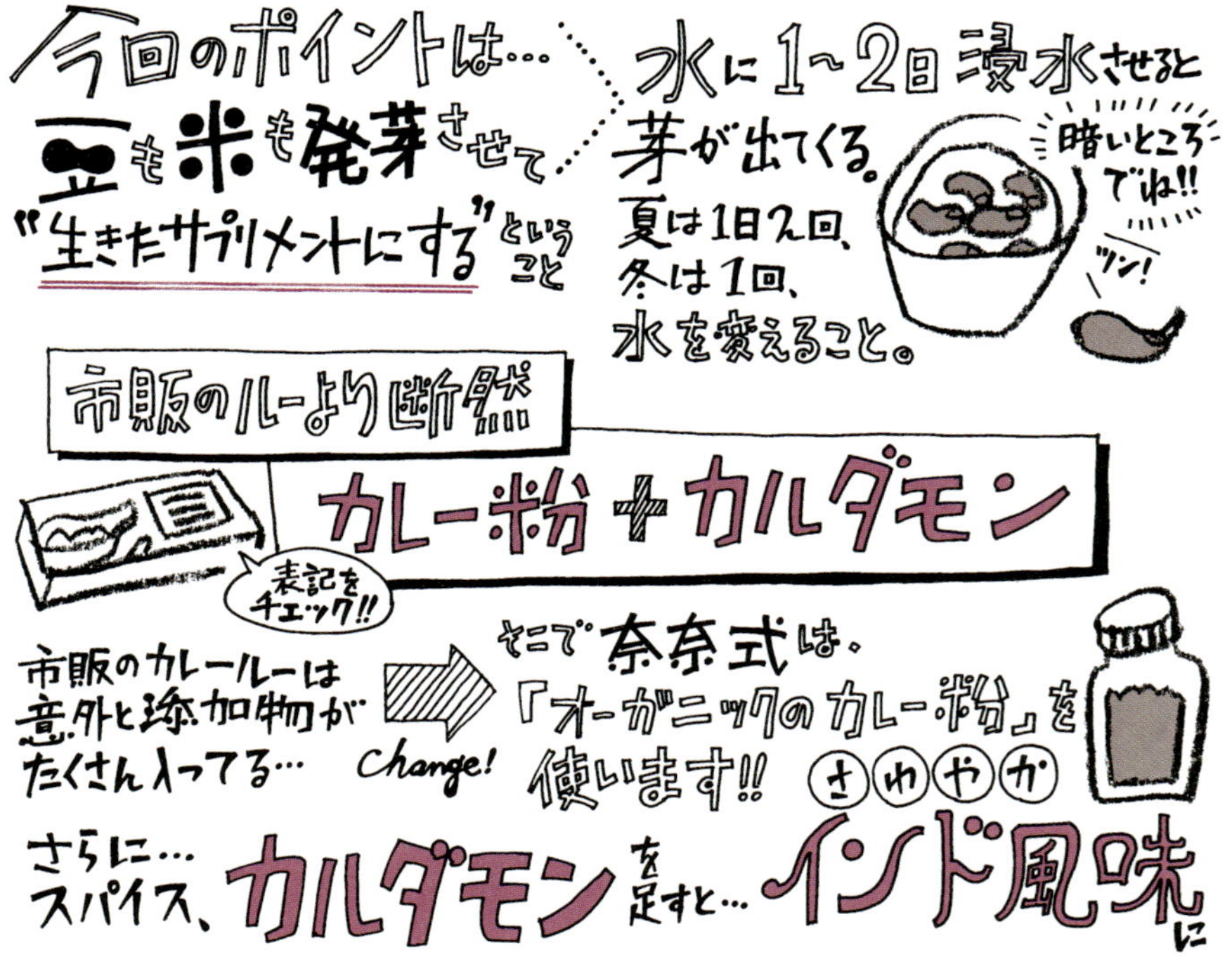

02

Menu

- チャナマサラ（ひよこ豆のカレー）
- パクチーチャトニー
- ワダ（おからコロッケ）
- ライタ風サラダ

チャナマサラ
（ひよこ豆のカレー）

**サクサクひよこ豆で
肉入りカレーの食べごたえ**

作り方

1. ひよこ豆は24時間浸水（水は朝晩取り替える）して発芽させ、水を替えてからお好みの柔らかさに煮る。

**左が発芽前で
右が発芽後**

1日浸けるだけで、サイズが倍に。水分をたっぷり含んでいるので茹で時間も短縮。

材料（4人分）

- ひよこ豆（乾燥）……160g
- 玉ねぎ……2個
- トマト……4個
- ピーマン……4個
- にんにく……2～3片
- しょうが……4片
- クミンシード……小さじ1弱
- カレー粉……大さじ4
- ガラムマサラ……少々
- みそ……大さじ1
- 塩……適量
- ココナッツオイル……適量
- パクチー……お好みで
- ココナッツファイン……あれば大さじ2
- マスタードシード……あれば1つまみ
- カルダモンシード……あれば1つまみ

2. 玉ねぎ、トマト、ピーマンを1cm角に切り、にんにく、しょうがをみじん切りにする。

3. 鍋にココナッツオイルをひき、クミンシード、マスタードシード、カルダモンシードを弱火で炒め、香りがたってきたら、にんにく、しょうが、玉ねぎ、トマト、塩少々を入れて混ぜ、蓋をして弱火～中火で30分ほどしっとりと蒸し炒めする。

4. **3**にカレー粉、ガラムマサラ、**1**を入れてさらに炒め、ピーマンとココナッツファイン、みそ、塩を入れてなじませるように10分程中火で煮込み、味をととのえる。塩味は塩で調整する。

5. お好みでパクチーを添える。

パクチー チャトニー

ミキサー1発でOK!
緑の野菜の香味が広がる

仕込みダレ

材料

- パクチー …… 60g
- ピーマン …… 1個
- 玉ねぎ …… 小1/4
- にんにく …… 1片
- レモン汁 …… 大さじ2～3
- 塩 …… 大さじ1弱
- 水 …… 75 cc
- 生唐辛子 …… お好みで

作り方

1. すべてをフードプロセッサーにかけてペースト状にする。

ワダ（おからコロッケ）

**本場のスナックを
おからで再現**

材料（4人分）

- おから……150g
- 玉ねぎ……小1/2個
- しょうが……1片
- パクチー……40g
- みそ……大さじ1
- 塩……適量
- ココナッツオイル……適量
- 小麦粉……70g（おからの約半分の量が目安）
- 水……適量
- 生唐辛子……お好みで
- クミンシード……あれば少々
- コリアンダーシード……あれば小さじ1
- パクチーチャトニー……お好みで

作り方

1. 玉ねぎ、しょうが、生唐辛子、パクチーをみじん切りにし、おからを入れて混ぜ合わせる。みそ、塩、クミンシード、コリアンダーシードを入れてさらに混ぜ、味見をして調整する。

2. **1**に小麦粉、水を入れてハンバーグくらいの固さにし、ひと口大の円形に成形する。

3. フライパンでココナッツオイルを熱し、両面を焼き上げる。仕上げにパクチーチャトニーをトッピングする。

③ Point!

本場ではウーラッドダルという豆を使いますが、手に入りにくいのでおからで代用。もとはコロッケのような揚げ物料理ですが、奈奈流は揚げ焼きです。

ライタ風サラダ

インドおなじみの料理は
ヨーグルトを絹豆腐で代用

材料（4人分）

- 絹豆腐 …… 1丁
- きゅうり …… 1本
- 紫玉ねぎ …… 1/2個
- セロリ …… 1本
- トマト …… 1個
- パプリカ …… 1個
- レモン汁 …… 2個分
- マグマ塩（その他の塩でも可） …… 大さじ1〜2
- にんにく（すりおろし） …… 少々
- クミン …… お好みで
- ガラムマサラ …… お好みで

作り方

1. 絹豆腐を水切りしてからフードプロセッサーでクリーミーにする。そこにレモン汁とマグマ塩を入れ、味をととのえる。

2. 野菜をお好みの大きさに角切りして**1**に混ぜ合わせる。

3. にんにくとガラムマサラ、クミンを入れて味をととのえる。野菜の水分が出てくるので、塩味は最後に調整する。

季節の野菜を
お好みで！

絹豆腐の乳白色から野菜の色が透けるので、
配色を考えて食材を選ぶのがポイント。

CHINA 中国

自家製・食べるラー油の麻婆豆腐プレート

達人級の深い旨味
ふたつのタレのコラボも！

中華プレートは、食べるラー油と酵素ドレッシングを作って、それらをベースに展開していきます。ふたつのうち、すぐにでも作ってほしいのが食べるラー油！ 応用力バツグンなうえに冷凍保存できるのですごく便利です。私は薄く伸ばしてジッパー付き保存袋に入れ、使うぶんだけパキパキと折って使っています。

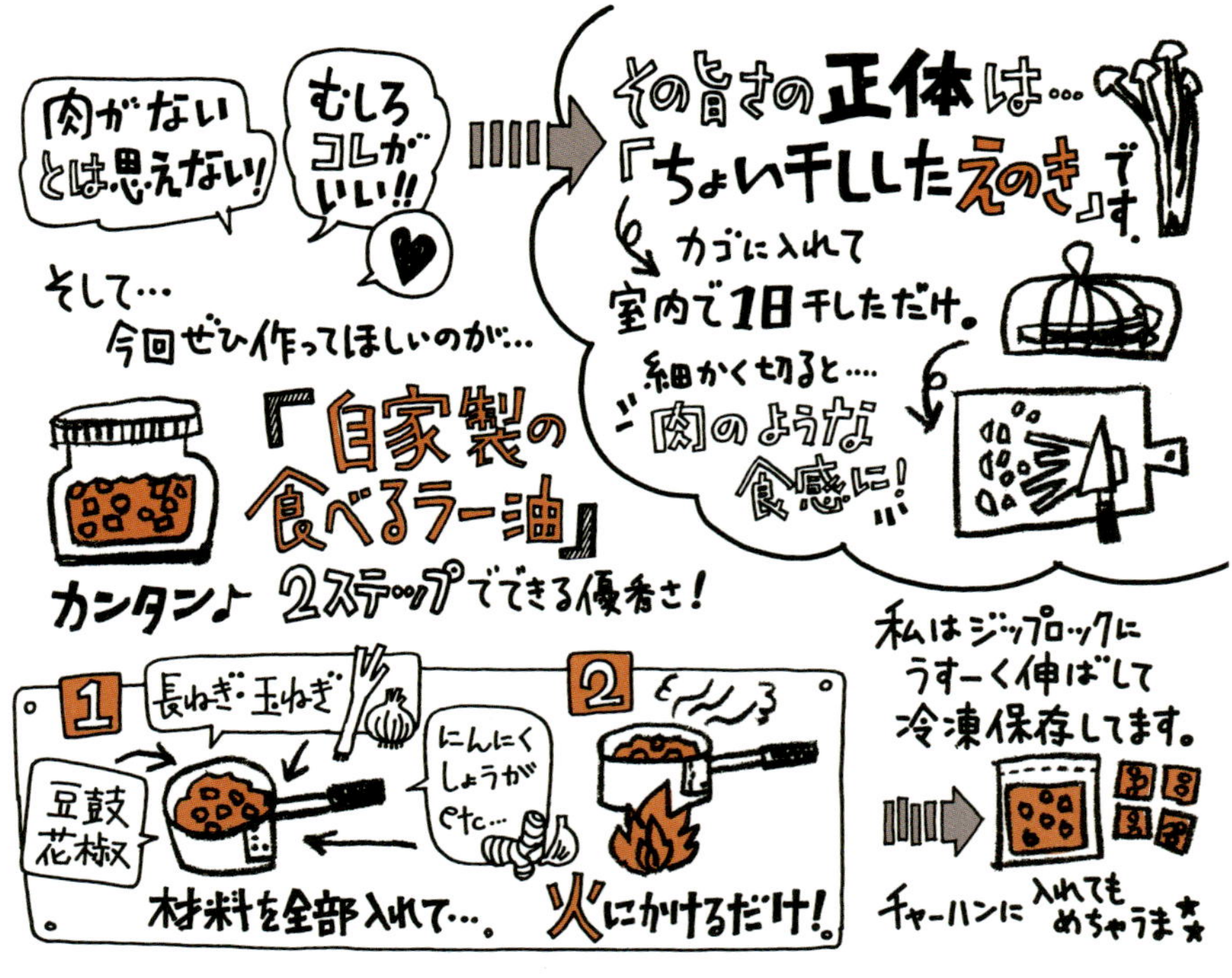

03

Menu

- 食べるラー油
- 酵素ドレッシング中華風
- 麻婆豆腐
- 切り干し大根の中華風マリネ
- 春菊とアボカドのサラダ

仕込みダレ

食べるラー油

材料

〈 材料A 〉

- 玉ねぎ …………………… 1/2個
- 長ねぎ …………………… 1本
- にんにく …………………… 3〜4片
- しょうが …………………… 3〜4片
- 豆《とう》豉《ち》 …………………… 100g
- 花椒 …………………… 大さじ2〜

- みそ …………………… 大さじ2
- しょうゆ麹（またはしょうゆ）… 大さじ1
- みりん …………………… 大さじ4
- すりごま …………………… 大さじ1
- ごま油 …………………… お好みの量
- 粉唐辛子 …………………… 大さじ2〜

**もう買わなくていい！
自分好みのラー油を簡単に**

作り方

1. 〈**材料A**〉をみじん切りにする。

2. **1**とその他すべての材料を入れて15分ほど中火で煮込む。油の量、塩味、辛さなどはお好みで。

仕込みダレ

酵素ドレッシング中華風

**野菜と果物がたっぷり入った
食べるドレッシング**

材料

- にんじん …………………… 1個
- 玉ねぎ …………………… 1個
- りんご …………………… 1個
- レモン汁
  （または季節の柑橘）…… 1個分
- にんにく …………………… 1片
- しょうが …………………… 1片
- 黒酢 …………………… 50cc
- 練りごま …………………… 60cc
- しょうゆ …………………… 60cc
- 塩 …………………… 小さじ1
- こしょう …………………… 少々

作り方

1. すべての食材をフードプロセッサーに入れて、好みのかくはん具合にする。素材の甘さなど季節や栽培地で違いがあるので、塩味や酸味はお好みで調整してください。

麻婆豆腐

**ちょい干しえのきとみそが
深い旨味の立役者**

材料（4人分）

・絹豆腐	2丁
・長ねぎ	3本
・えのき（できれば1日干す）	2束
・にんにく	3片
・しょうが	4片
・しょうゆ麹（またはしょうゆ）	大さじ2
・みそ	大さじ3
・みりん	大さじ2
・こしょう	少々
・食べるラー油	大さじ2〜（お好みの辛さに）
・片栗粉（同量の水で溶く）	大さじ1
・水	100cc
・ごま油	適量
・塩	適量

作り方

1. 絹豆腐は2cm角に切る。

2. 長ねぎ、にんにく、しょうがをみじん切りにする。

3. フライパンでごま油と**2**を弱火で炒め、香りがたってきたら、みじん切りにしたえのきと塩少々を加えてしんなりするまでさらに炒める。**1**と水100ccを加えて豆腐が温まるまで煮込む。

4. しょうゆ、みそ、みりん、こしょう、食べるラー油を加え、水溶き片栗粉を入れ、弱火でとろみをつける。

5. ごま油をかけて風味を出し、塩で塩味の調整をする。

＊えのきは1日干してからみじん切りすると味が濃くなり、食感も良くなります。
＊しょうゆ麹を使う場合は甘みがあるのでみりんなしでOK。

切り干し大根の中華風マリネ

仕込みダレをダブルで揉み込む

材料（4人分）

- 切り干し大根……80g
- きくらげ（乾燥）……10g
- にんじん……1本
- トマト……2個
- パクチー……50g
- 酵素ドレッシング中華風……大さじ5
- 食べるラー油……大さじ2

作り方

1. きくらげはたっぷりの水で戻す。

2. にんじんは千切りにする。

3. トマトは手でつぶし、切り干し大根、にんじんを酵素ドレッシングと食べるラー油で揉み込むように味をなじませてからパクチー、きくらげを混ぜる。

＼ 手で混ぜるのをお忘れなく！ ／

切り干し大根に酵素ドレッシングと食べるラー油をたっぷり染み込ませるために、手でしっかり揉み込みます。

春菊と
アボカドのサラダ

ドレッキングを食べるサラダ
野菜は旬のもので！

材料（4人分）

- 春菊（お好みの旬の葉野菜）……1束
- アボカド……1/2個
- Rawナッツ（ソーク済み）……ひとつかみ
- 酵素ドレッシング中華風……大さじ1

作り方

1. 春菊、アボカドは食べやすい大きさに切る。

2. ナッツ、酵素ドレッシングで和える。

① Point!

仕込みダレですでに味が完成しているので、どんな野菜を使ってもOKです。

ITALY イタリア

ビーツのピンクパスタプレート

市販の乾めんでOK
ビーツがパスタを染める!

　数あるメニューのなかで、いちばん人気なのがこのパスタプレートです。主役の食材は真っピンクのビーツ。ドレッシングを作ってパスタと和えるだけで、あっという間に鮮やかな料理ができあがります。ここではそのほかに、作り置きで役立つマスタードとタルタルの作り方 & 使い方もご紹介します。

Menu

- ビーツドレッシング
- ビーツの冷製ピンクパスタ
- 自家製Rawマスタード
- にんじんとマスタードのサラダ
- 豆腐タルタルソース
- 豆腐タルタルのポテトサラダ

04

ビーツの
冷製ピンクパスタ

練り込まずにこの色！
みんなが驚くビビッドカラー

ビーツドレッシング

仕込みダレ

これひとつで白い食材がビビッドなピンクに

材料

- ビーツ ……… 1個
- 玉ねぎ ……… 1個
- りんご ……… 1/2個
- レモン汁（または季節の柑橘） ……… 2個分
- にんにく ……… 1片
- 酢 ……… 30cc
- オリーブオイル ……… 50cc
- しょうゆ ……… 40cc
- マグマ塩 ……… 大さじ1
- こしょう ……… 少々

作り方

1. 材料をすべてフードプロセッサーで混ぜ合わせる。野菜は季節などによって甘みなどのバランスが異なるので、レモンや塩で味を調整する。

芯まで染み込む!!

最初は薄いピンクですが、しばらく揉み込むとパスタの中に色が浸透して濃いピンクに変化。

作り方

1. 紫玉ねぎ、セロリ、紫キャベツは薄くスライスしておく。パスタはたっぷりの湯で茹で、冷水で締めておく。

2. ビーツドレッシングに**1**の野菜とナッツ、バジルを混ぜ合わせておき、パスタを加え、よく和える。

3. 自家製Rawマスタード、オリーブオイル、マグマ塩で味をととのえて、お好みでスプラウトや他の野菜をトッピングする。

材料（4人分）

- パスタ ……… 400g
- 紫玉ねぎ ……… 1/2個
- セロリ ……… 2本
- 紫キャベツ ……… 4枚
- Rawナッツ（ソーク済み） ……… 大さじ2
- バジル（フェンネルやディルでも） ……… 20枚
- ビーツドレッシング ……… 適量
- 自家製Rawマスタード（P60/市販品でも可） ……… 適量
- オリーブオイル ……… 適量
- マグマ塩（その他の塩でも可） ……… 適量
- トッピング野菜（パプリカ、にんじん、豆、スプラウト等）

自家製Rawマスタード

仕込みダレ

冷蔵庫で半年持つ！
無添加の粒マスタード

材料

- マスタードシード …… 100g
- 酢 …… 適量
- 塩 …… 小さじ1強
- はちみつ …… 小さじ2〜

作り方

1. マスタードシードの2倍くらい酢を入れ、塩、はちみつを加え1日常温でおき、再度ひたひたになるくらい酢を足す。マスタードがねっとりぷくりとなり、酢を吸わなくなるまで数回酢を足す。2、3週間後くらいから半年程が食べごろ。お好みですりつぶしても。

にんじんとマスタードのサラダ

マスタードの風味が効いた
さっぱりサラダ

材料（4人分）

- にんじん（できれば1日干す） …… 2本
- Rawナッツ（ソーク済み） …… 大さじ4
- 自家製Rawマスタード（市販品でも可） …… 大さじ2
- オリーブオイル …… 大さじ1/2
- レモン汁（季節の柑橘など） …… 大さじ1
- 塩 …… 適量

作り方

1. にんじんは千切りにして、軽く塩をする。

2. Rawナッツは軽くから煎りして、自家製Rawマスタードとレモン汁、オリーブオイルで和えて味をととのえる。

豆腐タルタルソース

仕込みダレ

材料

- 絹豆腐 ……… 1丁
- レモン汁 ……… 1個分
- マグマ塩 ……… 小さじ1と1/2
- ピクルス ……… 大さじ3
- オリーブオイル ……… 大さじ1
- 自家製Rawマスタード（市販品でも可）…… 大さじ2

マヨネーズ不使用！
卵味のマグマ塩でタルタル風味に

作り方

1. 絹豆腐をしっかり水切りしておく。

2. **1**とマグマ塩、オリーブオイル、自家製Rawマスタード、レモン汁をフードプロセッサーにかけて滑らかにする。

3. みじん切りにしたピクルスを入れてさらに混ぜ、味をととのえる。塩味や酸味はお好みで調整する。

豆腐タルタルのポテトサラダ

じゃがいも＆タルタルで
お腹も大満足

材料（4人分）

- じゃがいも ……… 3個〜4個
- にんじん ……… 1/3本
- セロリ ……… 1/2本
- 紫玉ねぎ ……… 1/4個
- きゅうり ……… 1本
- 豆腐タルタルソース ……… 適量
- レモン汁 ……… 適量
- こしょう ……… 適量
- マグマ塩（その他の塩でも可）…… 適量
- パセリ（ディルやバジルでも）…… 適量

作り方

1. じゃがいもは蒸かし、温かいうちに粗めにマッシュしてよく冷ます。

2. にんじん、セロリ、紫玉ねぎ、きゅうりは1cm角に切り、軽く塩（分量外）をしてしばらく置く。水分が出てきたらよく絞り、**1**と豆腐タルタルソースを混ぜ合わせ、マグマ塩、こしょう、酸味が足りなければレモン汁を入れて味をととのえる。お皿に盛りつけてパセリを散らす。

JAPAN 日本

香味野菜のベジちらし寿司プレート

旬の柑橘類を使ったフレッシュ和膳

春はデトックス、夏は冷却、秋は栄養を溜め込み、冬は保温。人の体を季節に合った状態に整えてくれるのが、野菜のすごいところです。だから具だくさんのちらし寿司にはぜひ、旬の野菜を。季節の柑橘類を三杯酢代わりに使えば、香りも豊かです。しょうゆ麹を使えばコクもばっちり！

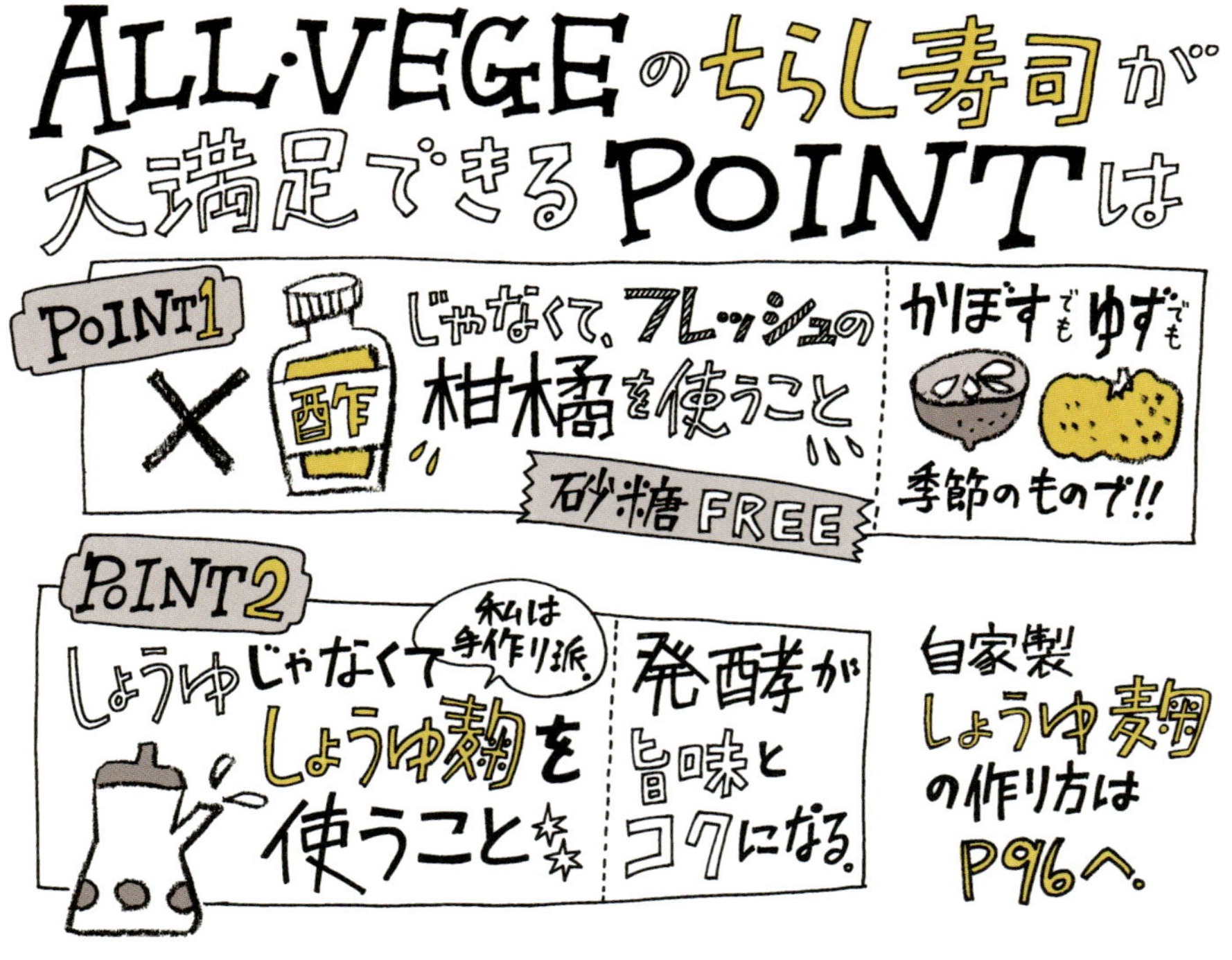

05

Menu

- 香味野菜のベジちらし寿司
- 豆腐のがんもどき
- とろろ昆布としいたけのお吸い物
- 自家製 紅しょうが

JAPAN

香味野菜の
ベジちらし寿司

季節を食べる一品
旬の野菜でどうぞ！

1. **〈 夏の香味野菜のベジちらし寿司 〉**
米は炊き、ほぐしてから冷まし、すだちを絞っておく。

2. 干ししいたけはひたひたの水で戻し、絞って薄くスライスしてしょうゆ麹小さじ2、みりん大さじ2で和える。

3. 小松菜、にんじんは食べやすい大きさに切り、それぞれ軽く塩をして20分程おいて水分を絞っておく。

4. 切り干し大根を干ししいたけの戻し汁で（水分がなくなるくらい）戻し、しょうゆ麹小さじ2、みりん大さじ2で和える。

5. 三つ葉は食べやすい大きさに切り、大葉、みょうが、紅しょうがを千切りにする。とうもろこしは生のまま実を削いでおく。

*とうもろこしは、生で食べるとシャキシャキとしたフレッシュな食感になります。

6. **1～5**と豆腐としめじのそぼろ（P65）、菊の花、枝豆、ナッツを混ぜて、すだちと塩で味をととのえる。

材料（4人分）

- 米 ……………………………… 2合
- 干ししいたけ ……………………… 2個
- 小松菜（できれば1日干す）………… 2束
- にんじん（できれば1日干す）……… 小1本
- 切り干し大根 ……………………… 15g
- とうもろこし ……………………… 1/2本
- 三つ葉 ……………………………… 少々
- 大葉 ………………………………… 5, 6枚
- みょうが …………………………… 3個
- 自家製 紅しょうが（P67）………… 適量
- すだち（または季節の柑橘）……… 2個
- Rawナッツ（ソーク済み）………… 適量
- 枝豆 ………………………………… 適量
- 菊の花 ……………………………… 適量
- ごま ………………………………… 適量
- みりん ……………………………… 適量
- しょうゆ麹（またはしょうゆ）…… 適量
- 塩 …………………………………… 適量

〈 豆腐としめじのそぼろ 〉

- 木綿豆腐（凍らせておく）………… 1丁(400g)
- しめじ ……………………………… 1パック
- しょうが …………………………… 2片
- しょうゆ麹（またはしょうゆ）…… 大さじ3
- みりん ……………………………… 大さじ7
- 玄米オイル ………………………… 大さじ3

作り方

1. 〈 豆腐としめじのそぼろ 〉
しめじは石づきをとり、みじん切りにする。できれば、ざるに広げ1日間干しておくと味が締まる。

2. 木綿豆腐は凍らせてから解凍し、水分をよく絞り、ほぐしておく。

3. フライパンに玄米オイルをひき、みじん切りにしたしょうがを中火で炒め、香りがたってきたら、**1**と**2**を入れてさらに炒める。水分が飛んできたら、みりんとしょうゆ麹を加えて味をととのえ、水分が程よく飛び、ぱらりとなるまで5分ほど炒める。

豆腐は凍らせておく！

パックのまま凍らせて、解凍したらギューッと手でできる限り水を絞り出します。モロモロと崩れて、高野豆腐のような食感に。

＊みりんやしょうゆ麹は種類によって塩味や甘みが違うので、お好みに調整してください。少し甘めが美味しいです。

豆腐のがんもどき

カリッ、ふわっ
手作りがんもも具だくさん

材料（4人分）

- 木綿豆腐 ………… 1丁
- 乾燥芽ひじき ………… 大さじ1
- 切り干し大根 ………… 10g
- にんじん ………… 適量
- ごぼう ………… 適量
- 山芋 ………… 5cmくらい
- とうもろこし ………… 適量
- しょうが ………… 2片
- みそ ………… 大さじ1
- 塩 ………… 少々
- 片栗粉 ………… 大さじ4
- 玄米オイル ………… 適量

作り方

1. 木綿豆腐は30分ほど水切りする。

2. 切り干し大根、にんじん、ごぼう、しょうがをみじん切りにして、**1**と乾燥ひじきと一緒にボウルに入れよく混ぜておく。

3. 乾燥ひじきと切り干し大根が豆腐の水分を吸い込んだら、すりおろした山芋、生のまま実を削いだとうもろこし、みそ、塩、片栗粉を加え混ぜる。適当な大きさにまとめ、成形する。

4. フライパンに5mmほど玄米オイルを入れて170度に熱し、両面がほんのり色づくまで揚げ焼きする。

＼揚げ物はすべて揚げ焼きです／

良い油なので、たっぷり使うのはもったいない！どんな揚げ物料理でも、私は揚げ焼きします。

とろろ昆布と しいたけのお吸い物

海の恵みと山の恵みが 心にしみるひと椀

材料（4人分）

- とろろ昆布 …… 適量
- 干ししいたけ …… 2個
- 三つ葉 …… 適量
- しょうゆ …… 大さじ1
- かつおぶし …… 4つまみ
- 水 …… 400cc（干ししいたけの戻し汁含む）
- 塩 …… 少々

作り方

1. 干ししいたけは水で戻してからスライスし、鍋に戻した水と一緒に入れ沸騰させる。沸騰したらしょうゆを入れ、塩で味を調整する。

2. お椀にかつおぶしひとつまみと、とろろ昆布を入れる。そこに**1**を注ぎ、三つ葉を添える。

仕込みダレ

自家製 紅しょうが

梅酢で漬けるだけで キレイなピンクに

材料

- 新しょうが …… 適量
- 梅酢 …… 適量

作り方

1. 新しょうがをスライスし、梅酢に漬ける。

＊梅酢がなければ酢と塩で代用できます。

MEXICO メキシコ

炭トルティーヤとベジチリコンカンプレート

真っ黒×原色の南米コントラスト

食べ物で黒って斬新だな、野菜の色が映えるなあ、と思って作りはじめた真っ黒のトルティーヤ。この色の正体は、炭パウダーです。排毒効果があって食物繊維もたっぷりで、ミネラルやマグネシウムも入っていて……と、いいことずくめの食材。使わないわけにいきません！ 粉物になんでも混ぜ込めます。

06

Menu

- 炭トルティーヤ
- ベジチリコンカン
- セビッチェ
- かぼちゃのディップ
- 紫キャベツとにんじんのラペ

MEXICO

炭トルティーヤ

原色が際立つ黒の衝撃
水で延ばせばクレープにも

材料（4人分）

- 全粒粉 ……… 250g
- 玄米オイル ……… 大さじ1
- お湯 ……… 150cc
- 塩 ……… 小さじ1
- 竹炭パウダー ……… 大さじ2

作り方

1. 材料をすべて入れ、箸でモロモロの固まりになるように混ぜる。耳たぶのような柔らかさ、なめらかさになるまで手でよくこね、ラップに包んで30分程寝かせる。

2. 生地を8等分にして丸め、打ち粉をして薄く延ばしてからフライパンで両面焼く。生地が膨らんできたらフライ返し等で軽く押して、空気を抜く。

柔らかさの基準は耳たぶくらい

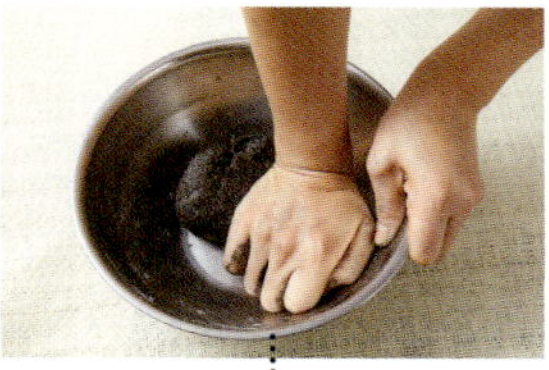

手でこねたり寝かせたりするのが面倒臭いときは、水を多めに入れてクレープ状に焼いても。

ベジチリコンカン

メキシコの代表的な
国民食は、お好みの豆で

材料（4人分）

- 金時豆 …… 1カップ
- エリンギ（できれば1日干す） …… 3本
- 玉ねぎ …… 2個
- セロリ …… 2本
- にんじん …… 1本
- ピーマン …… 4個
- トマト …… 4個
- にんにく …… 3片分
- オリーブオイル …… 大さじ5
- パプリカパウダー …… 大さじ2
- オレガノ …… 小さじ1
- みそ …… 大さじ1
- 塩 …… 適量
- こしょう …… 適量
- 片栗粉（同量の水で溶く） …… 適量
- クミンシード …… あれば小さじ1弱
- コリアンダーシード …… あれば小さじ1
- チリパウダー …… 少々

作り方

1. 金時豆は軽く洗って24時間浸水して（蓋などして暗くする）発芽させる。浸水後、豆を軽く洗い、塩を少々入れて、ひたひたになるまで水を入れ、灰《あ》汁《く》を取り、水を足しながら柔らかくなるまで20分ほど煮る。

2. エリンギは1cm角に切り、1日干しておく。玉ねぎ、セロリ、にんじん、ピーマン、トマトをすべて粗みじん切りに、にんにくをみじん切りにする。

3. 鍋ににんにくとオリーブオイルを入れて、中火でじっくり香りを油に移し、**2**と塩少々を入れてよく混ぜ合わせる。蓋をして10分ほど蒸し焼きし、蓋を取って15分ほど加熱する。

4. **1**の豆と、パプリカパウダー、オレガノ、コリアンダーシード、チリパウダー、クミンシード、みそ、塩、こしょうを入れて味をととのえ、10分程加熱して味をなじませる。水分が多ければ水溶き片栗粉でまとめる。

＊みそや塩の種類によって塩味が異なるので、みそを入れてから塩味でととのえる。

24時間浸けて発芽スイッチON！

豆の旨さプラス、干したエリンギとみそでコクは十分。発芽さえさせれば、どんな豆でもOKです。

セビッチェ

シャクシャク食感が楽しい
フレッシュなマリネ

材料（4人分）

- 紫玉ねぎ …… 1/2個
- パプリカ …… 小1個
- セロリ …… 1本
- きゅうり …… 1本
- トマト …… 大1個
- アボカド …… 1個
- ライム …… 2個
- パクチー …… 40g
- 塩 …… 少々

① Point!

セビッチェとは、メキシコやペルーでよく食べられている魚介類のマリネのこと。なので、ここに魚介類を入れても◎です。

作り方

1. 紫玉ねぎはみじん切り、パクチーは適当な大きさに、ライム以外の材料はすべて1㎝角に切る。

2. 材料をすべて入れライムを絞り、塩で味をととのえる。酸味、塩味はお好みで。

かぼちゃのディップ

**かぼちゃのほっこりした
甘さをそのままに**

材料

- かぼちゃ ……………………… 500g
- にんにく ……………………… 少々
- クミンシード ………… 小さじ1（お好みで）
- 練りごま ……………………… 大さじ3
- 塩 ……………………………… 小さじ2
- オリーブオイル ……………… 大さじ1
- 豆乳 …………………………… 適量

作り方

1. かぼちゃは適当な大きさに切り、皮をむいて蒸しておく。
2. すべてをフードプロセッサーに入れてペースト状にする。ペーストが固いときは、豆乳で柔らかさを調整する。

紫キャベツとにんじんのラペ

**いつものオレンジに
紫色をプラスして**

材料（4人分）

- 紫キャベツ …………………… 3枚
- にんじん（できれば1日干す） ……… 1本
- オレンジ ……………………… 1個
- Rawナッツ（ソーク済み） ………… 5粒
- レモン汁 ……………………… 1個分
- クミン ………………………… 1つまみ
- 塩 ……………………………… 少々
- オリーブオイル ……………… 少々

作り方

1. オレンジの半分の実はむいてほぐしておく。
2. にんじんと紫キャベツを千切りにし、残り半分のオレンジとレモンの絞り汁とクミン、ナッツをマリネして、塩、オリーブオイルで味をととのえる。

KOREA 韓国

ネバネバベジビビンバプレート

火を通さず、野菜の酵素をそのままいただく

私たちの体に欠かせない酵素は、46°C以上の熱で死んでしまいます。だから、酵素をたっぷり摂れる料理を作りたい。そんな思いから生まれたのが、Raw（非加熱）のベジビビンバです。納豆 & オクラといったネバネバ食材もプラスして、粘膜や粘液強化も。体が喜ぶメニューです。

07

Menu

- ネバネバヌルヌルのベジビビンバ
- 車麩の唐揚げ
- 薬味ソース
- ニラとえのきのチヂミ

ネバネバヌルヌルの
ベジビビンバ

シャキシャキ、ポリポリ
食感の多重奏を楽しむ

5. **〈 にんじんのナムル 〉**
にんじんは千切りにし、生のまま軽く塩をして揉んで15分程なじませる。出てきた水分を絞り、しょうが、えごま油で味をととのえる。

6. **〈 オクラと納豆のネバネバ和え 〉**
オクラは生のまま小口切りにし、納豆とよく混ぜてにんにく、しょうが、えごま油、みりん、しょうゆ麹で味を調える。

塩をふって揉んで15分!

生野菜は軽く塩をしてしばらく置いておくと、浸透圧で野菜の内側から水分が出て、茹でたような食感になります。

材料（4人分）

〈 韓国風豆腐そぼろ 〉
- 豆腐としめじのそぼろ（P65）……100g
- 五香粉……少々
- 豆板醤……適量

〈 ひじきのナムル 〉
- 乾燥ひじき……25g
- しょうゆ……大さじ1
- みりん……大さじ2
- しょうが（すりおろし）……小さじ1
- 酢……少々
- えごま油……少々

〈 紫キャベツのナムル 〉
- 紫キャベツ……2枚
- しょうが（すりおろし）……小さじ2
- えごま油……小さじ2
- 塩……適量

〈 小松菜のナムル 〉
- 小松菜（できれば1日干す）……4束
- しょうが（すりおろし）……大さじ1弱
- えごま油……小さじ3
- 塩……適量

〈 にんじんのナムル 〉
- にんじん（できれば1日干す）……1/2本
- しょうが（すりおろし）……小さじ2
- えごま油……小さじ2
- 塩……適量

〈 オクラと納豆のネバネバ和え 〉
- オクラ……4本
- 納豆……2パック
- にんにく（すりおろし）……少々
- しょうが……適宜
- えごま油……適宜
- しょうゆ麹（またはしょうゆ）……適宜

作り方

1. 〈 韓国風豆腐そぼろ 〉
P65で紹介している豆腐としめじのそぼろに、五香粉と豆板醤で辛みを加え混ぜ合わせる。

2. 〈 ひじきのナムル 〉
乾燥ひじきはたっぷりの水で20分戻し、しっかり水を切る。しょうゆ、みりん、しょうが、酢で味をととのえ、えごま油で和える。

3. 〈 紫キャベツのナムル 〉
紫キャベツを千切りにして、生のまま軽く塩をして揉んで15分程なじませる。出てきた水分を絞り、しょうが、えごま油で味をととのえる。

4. 〈 小松菜のナムル 〉
小松菜は3cm幅に切り、生のまま軽く塩をして揉んで15分程なじませる。出てきた水分を絞り、しょうが、えごま油で味をととのえる。

車麩の唐揚げ

**しょうゆ麹の味つけが
ごはんに合う!**

**玄米オイルで
カラリと焼く!**

保存食の車麩は色々な食べ方ができます。ココナッツオイルで焼けばラスクに、豆乳と卵に浸せばフレンチトーストに。甘い料理もお手のもの。

材料(4人分)

- 車麩 ……………… 4個
- しょうが(すりおろし) ……………… 2片分
- にんにく(すりおろし) ……………… 1片分
- 五香粉 ……………… 少々
- しょうゆ麹(またはしょうゆ) ……………… 大さじ5
- みりん ……………… 大さじ5
- 片栗粉 ……………… 適量
- 玄米オイル ……………… 適量

作り方

1. 車麩をたっぷりの水で戻して絞り、しょうがとにんにく、五香粉、しょうゆ麹、みりんで味をつける。

2. **1**に片栗粉をまぶし、少し多めの玄米オイルを170度に熱し、揚げ焼きにする。

薬味ソース

仕込みダレ

体内からさっぱり！
キレート作用◎のタレ

材料

- ニラ……4本
- ワケギ……4本
- しょうが……2片
- にんにく（すりおろし）……少々
- ナンプラー（またはしょうゆ）……大さじ3
- 黒酢……大さじ2〜
- みりん……大さじ2
- 生唐辛子……お好みで

作り方

1. ニラ、ワケギ、しょうがをみじん切りにし、にんにくとナンプラー、黒酢、みりん、生唐辛子を混ぜ合わせる。

ニラとえのきのチヂミ

じゃがいもでまとめる
ほっくりベジチヂミ

材料（4人分）

- ニラ……1/2本
- えのき……1束
- じゃがいも……1個
- 白こしょう……少々
- 塩……少々
- 片栗粉……大さじ4
- ごま油……適量
- 薬味ソース……適量

作り方

1. ニラとえのきは2cm幅に切る。

2. **1**にすりおろしたじゃがいも、白こしょう、塩、片栗粉を加え、よく揉み込むように混ぜ合わせる。

3. フライパンにごま油をひいて熱し、**2**を入れてこんがりと焼く。

4. 薬味ソースをつけて食べる。

のび〜る衝撃！オオバコスイーツ

お料理教室でほぼ毎回登場するのが、オオバコのデザートです。一時期、お腹の中で30倍にふくらむダイエット食材として注目されたことがあるので（水に溶かして飲む！という強引な方法でしたが……）、ご存知の方もいらっしゃいますよね。

オオバコは日本中に生えている雑草で、ビタミンやミネラル、カルシウム、食物繊維がたっぷり。翌日のお便りにも期待大の、本当に優れた食材です。これで何か作りたいと思い、粉末を水で溶いて火にかけたところ、びよ〜んと伸びる怪しい物体に！それが衝撃的で面白くて、ここに味をつけてみたらどうだろう？と色々なものと合わせてみた結果、オオバコスイーツが誕生しました。

火にかけるとゼリー状 そのままだとムース状に

オオバコは加熱する、しないで2通りの食感が楽しめます。火にかけて冷ますと、蒟《こん》蒻《にゃく》のようなもっちりとしたゼリー状に。火にかけず、粉末を溶いて混ぜればふわふわのムース状に。オオバコ自体には味がないので、混ぜるものを変えればコーヒーゼリーにも杏仁豆腐にもなります。配合の目安は、粉末10gに対し液体300ccです。

＼粉状で売ってます！／

おすすめの粉末はこちら。オーガニック サイリウムハスク〈ナチュラルライフフーズジャパン〉

そのまま使うと…

火にかけると…

ムース状に！

ココナッツミルクと

アーモンドミルクと

ゼリー状に！

コーヒーで伸ばして

水で伸ばして

・ココナッツプリン

・杏仁豆腐

・コーヒーゼリー

・わらび餅風

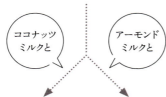

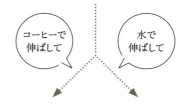

オオバコわらび餅

**つるん、クニュクニュ
独特の食感を
和の甘みで楽しむ**

材料

- オオバコ …… 10g
- 水 …… 300cc
- きな粉 …… 適量
- 塩 …… 少々
- メープルシロップ等 …… 適量

作り方

1. 鍋にオオバコと水を入れ、しっかり溶かしてから弱火にかけてダマがなくなるように練る。

2. 粘りが出たら容器に入れてあら熱をとり、冷蔵庫で冷やして固める。

3. 食べやすい大きさに切って、きな粉、塩、メープルシロップ等をかける。

*最後にほんの少し塩を足すと、甘みが深くなり、大人の味になります。

オオバコ コーヒーゼリー

ゼラチンより簡単！
ミルクはお好みでどうぞ

材料

- オオバコ ……… 8g
- コーヒー ……… 300cc
- メープルシロップ ……… お好みで
- 豆乳（ココナッツミルクでも）……… お好みで

作り方

1. 鍋にオオバコと冷えたコーヒーを入れ、しっかり溶かしてから中火にかけてダマがなくなるように練る。

2. 粘りが出たら容器に入れてあら熱をとり、冷蔵庫で冷やして固める。

3. 豆乳、メープルシロップをかける。

オオバコ 杏仁豆腐

口の中でふわりと溶ける 乳白色の中華スイーツ

材料

- オオバコ ……… 8g
- アーモンドミルク ……… 300cc
- ゴジベリー（くこの実）……… 10粒
- アマレット ……… 大さじ5
- メープルシロップ等 ……… お好みで

作り方

1. ゴジベリーはアマレット（分量外）に浸けて戻しておく。

2. 鍋にオオバコ、アーモンドミルク、アマレットを入れて、しっかり溶かしてから中火にかけて練る。

3. 粘りが出たら容器に入れてあら熱をとり、冷蔵庫で冷やして固める。

4. **3**を食べやすい大きさに切って、**1**をトッピングし、メープルシロップ等をかける。

オオバコ ココナッツプリン with ドラゴンフルーツ

ドラゴンフルーツを入れるとビビッドなビジュアルに♡

＼これがドラゴンフルーツ！／

＼ココナッツプリン シンプルバージョン／

ドラゴンフルーツなしで、カカオニブやシナモンをかけても美味しい。

材料

〈**材料A**〉
- オオバコ ………… 10g
- ドラゴンフルーツ赤 ………… 1個
- 豆乳 ………… 150cc
- ココナッツミルク ………… 150cc
- バナナ ………… 2本
- レーズン＆デーツのラム酒漬け（P99） ………… お好みで

- メープルシロップ ………… お好みで

作り方

1. 〈**材料A**〉をミキサーにかけてクリーミーになるまでかくはんし、容器に入れて冷蔵庫で冷やして固める。

2. 食べやすい大きさに切って、メープルシロップをかける。

Welcome to NANA Marché

ようこそ、奈奈マルシェへ

体に良くて美味しい食材は奈奈ごはんに欠かせません！
全国から取り寄せた10アイテムをご紹介します。

用途たくさん！
マルチなミルク

無添加ココナッツミルク
煮込み料理やスイーツに。前ページのココナッツプリンでも使いました。
280円〈インターフレッシュ〉

国産有機の
しょうゆです

御用蔵生醤油
蔵出しの風味がまろやか。神泉の名水を使用するなど、水にこだわりが。
500ml 900円〈ヤマキ〉

酢作り300年！
老舗の名品

有機玄米くろ酢
有機栽培の国産玄米を使って、昔ながらの製法で作った黒酢です。
720ml 2800円〈庄分酢〉

爆発するほど
元気な麹

自然栽培玄米麹
ササニシキを自家採種菌で麹に。自家製みそが爆発(P95)したほど活発。
1kg 1728円〈マルカワみそ〉

プリップリの
マスタード粒！

イエローマスタードシード
これを使ったRaw（非加熱）マスタードの作り方は、P60でご紹介。
360円〈アリサン〉

自然派
ノンアルビール

龍馬 1865
体に優しいノンアルコールビール。ドイツ麦芽100%で本場ドイツ産の飲み心地。
350ml 120円〈日本ビール〉

甘うま〜い！
有機メープル

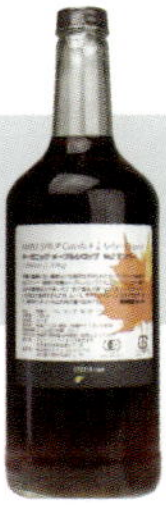

オーガニック・メープルシロップ No.2 アンバー
カナダ・ケベック州産の濃厚シロップ。オオバコデザートにかけたりします。
2945円〈ナチュラルキッチン〉

可愛すぎる
ピンク色のドリンク

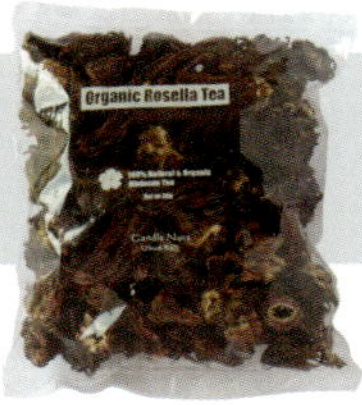

オーガニックのローゼルティー（ハイビスカスティー）
P57のピンク色の飲み物はこれ。ロゼール＝ハイビスカスのハーブティー。
50g 1200円〈ピュア☆ラ☆バリ〉

ビタミンと
ミネラルの宝庫

EcoMil アーモンドミルク ストレート（無糖）
クセがなくて飲みやすい！ P84のオオバコ杏仁豆腐でも使いました。
980円〈プレマ〉

農薬を落とす
ほたてパワー

ほたて貝殻燃焼パウダー 02
食材じゃないけどおすすめしたい！農薬を落としてくれる野菜用洗剤。
1kg 2400円〈ふるさと物産〉

Column 1 コラム

アレルギーと種

私は、小さなころからアレルギーに苦しめられてきました。

お米、大豆、ピーナッツ、そばにインゲン。何十回もアナフィラキシーを引き起こして本当に苦しくて、どうしたら治るんだろうとずっと思っていました。

どうして？なぜ？突きつめていくうち、私が反応しているのは「種」であることが判明。さらに、品種改良を重ねた作物に拒絶反応を起こすことがわかりました。

逆に体に合っていたのは、品種改良前のもの。固定種や在来種と言われる、シンプルな構造の種でした。

その発見は本当に大きなもので、そこから在来種の作物を食べるようにしてみたところ、体調が劇的に回復。アレルギーが出なくなってすこぶる快調になったんです。

お料理教室にはアレルギーで悩んでいる人もたくさん来ます。そんな人たちに、この経験を出発点として学んだ作物と体のことを伝えたいと思って、デモンストレーション形式のお料理教室になりました。

Chapter

2

育菌を楽しむ
仕込みごと

〈右〉置き場所に困るくらいになってきました。発酵専用の蔵がほしい！
〈上〉都会のど真ん中でも梅干し作りは可能です。

Cultivation Life

1

菌と仲良く暮らす 育菌ライフ

棚の隙間を埋めるようにビンが並び、床にはバケツが鎮座。それが、我が家のキッチンの光景です。

ビンの中には豆板醤、酵素ジュース、紅しょうが、塩レモン、バケツにはみそ、しょうゆ麹、梅漬け、ぬか漬け、などなど。他にもいっぱい。すべて手作りです。

とはいえストイックに増やしているわけではなくて、「いい唐辛子が手に入ったから豆板醤を作ろう」とか、「アレとアレを合わせたら美味しいかも？」なんて日々の思いつきで自然と誕生したものばかり。容器の中では、それぞれの菌が発酵を進めています。時々蓋を開けて、中身をかきまぜるのがちょっとした楽しみ。元気かな？グレてる子（腐ってる子）はいないかな？（笑）と、まるで我が子のように菌の成長を見守っています。

〈右＆左上〉これをキッカケに発酵食品作りにハマッてしまう人多数のみそ作り。
〈左下〉姿を変え続ける「8年つぎ足しみそ」。

Cultivation Life

②

発酵を趣味感覚で育てています

なぜこんなに発酵食品を作るのか？ それは、作るのがすごく面白いからです。プクプク発酵している姿を見るのが楽しいし、調味料は長く付き合えるキッチンの相棒になってくれます。〝仕込みごと〟のおかげで、料理の味も、料理を作るモチベーションも格段に上がりました。

みそだけでも何個もバケツがあります。いちばん長寿の「8年つぎ足しみそ」は、豆料理をして余ったときに、その余った豆と煮汁と麹と塩をつぎ足していくみそ。だから、毎日味が変わります。若い豆も熟成した豆も入っているから、味にムラがあるけれど、そのムラも美味しいんです。お料理教室では、そんなみその基本的な作り方を教えています。みんな、実験中のようなワクワク顔でみそ作りを楽しんでいます。

みそ味にしないときでも、ひと匙入れてコク出しに。潰さずに入れた豆は、お酒のアテにもなります。

Cultivation Life

3

「自家製みそ」を色んな豆で仕込む

大豆、黒大豆、そら豆、あずき、ひよこ豆、花豆。色々あるうち、「どの豆がみその材料に向いていますか？」と聞かれることがありますが、私は「全部！」と答えています。だって、全部味が違って全部美味しいから。同じく「食べ頃」の質問の答えも「いつでも！」です。発酵が浅めのみそなら豆の形が残ってて美味しいし、発酵が進んだみそなら深いコクが出てくる。みそ＝みそ汁のためのみそではないので、色んな形や味があっていいんです。

ただ、そんな自由なみそ作りにもひとつだけポイントが。仕込む時期は1月～3月くらいがベストタイミングです。寒いと菌がゆっくり育つので、外に出たくない真冬こそ、部屋で仕込みごとをするのに◎です。

DAY 1
1日目

1. よく洗う

豆の表面に付いたごみや汚れをよく洗います。

2. 水に浸ける

豆の3倍程度の水を入れて、暗いところで24時間浸水させ発芽をうながします。すると豆が約2～3倍の大きさに膨らみます。

朝晩水を替えましょう!

DAY 2
2日目

3. 煮る

24時間以上浸水させたら、

Cultivation Life

④

初心者でも簡単手作りみそ

ここで、お料理教室で教えている秘伝の奈奈みそレシピを公開します。塩をしっかり入れることで、素人でも腐らせずに発酵に持っていける簡単自家製みそです。

上の〈6〉まで進めたら、バケツを常温で放置。1ヶ月後に、天地を返すようにかき混ぜます。その後は、2～3日に1回のタイミングでかき混ぜていきます。作ったその日から食べられますが、夏を経験させると発酵がぐんと進み、より深い味わいに♪

材料

- 豆（大豆でもひよこ豆でも、なんでもOK）…… 1kg
- 玄米麹（または米麹）…… 1kg
- 塩 …… 400g
- 豆の煮汁（捨てずにとっておく）…… 適量

豆を煮ます。最初は強火、沸騰後は弱火で3時間。ひたひたのお湯でじっくりと。

4. 豆をつぶす

豆を指で押してつぶれるようになったらＯＫ。人肌に冷まして保存袋に入れ、ペースト状につぶします。豆の煮汁はとっておく。

5. 麹を入れる

麹と塩をボウルに入れてよく混ぜます。そこに豆のペーストと豆の煮汁も少しずつ加え、さらに混ぜます。私はゆるめが好きなので煮汁は多め。煮汁を多くするときは、塩分濃度が35％くらいになるようにあらかじめ煮汁に塩（分量外）を足しておくと便利。

6. 保存容器に入れる

空気が入らないよう上から押しながら、バケツに詰めます。詰め終わったら表面をならして、さらに塩（分量外）を上から撒きます。

ある日ボン！と音がして見てみたらこんなことに……。麹が元気に発酵しています。バケツに入れる量は7～8割までにしておきましょう。

しっかり密閉！

いきいきペールなら、失敗しらず！

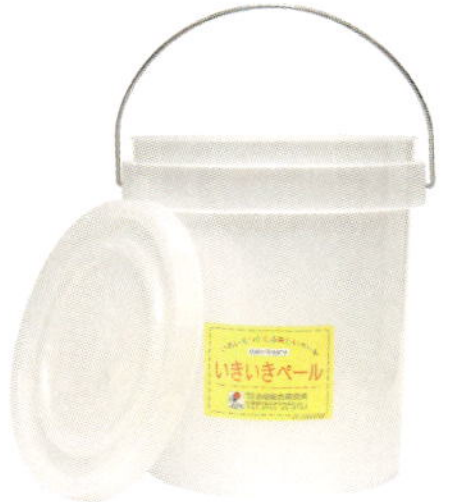

仕込みごとの相棒はこの子、「いきいきペール」です。発酵がうまくいく不思議なバケツ。大小サイズを使い分け。〈エコット〉

Cultivation Life

5

混ぜるだけ！ しょうゆ麹の作り方

しょうゆ麹作りも、お料理教室の人気メニューです。みそと同じく難しそうに思われますが、作ったあと「な〜んだ、こんなのでいいんだ！」なんて言われます。いちばん発酵しやすい温度は20〜40℃。麹に対して塩分濃度35％以上を守っていれば腐りません。混ぜて置いておくだけの簡単レシピです。

材料

- 米麹 ………… 500g
- しょうゆ ………… 400ml
- 豆の水煮（汁も含む） ………… 100g
- 塩 ………… 35g
- こんぶ ………… 10cm角

作り方

1. 米麹と塩をよく混ぜる。

2. **1**にしょうゆと豆の水煮を入れてよく混ぜる。

3. 常温で保管し、毎日1回かき混ぜる。10〜14日くらいで麹が柔らかくなってきたらできあがり。

現在の育菌ラインナップ

今日もすくすく育っている発酵5兄弟。
毎日プクプク言う、かわいい子たちです。

・しょうゆ麹

しょうゆとダシの中間みたいな味わい。昆布を入れたので、さらに旨味がすごいことになっています。

・にんにく塩麹

ガツンとくるものが食べたいときには、にんにく塩麹が最高！ 力強い味わいがたまりません。

・8年つぎ足しみそ

豆を茹でるたびにつぎ足し、早8年。秘伝感たっぷりです。豆ならなんでも入れちゃいます。肉顔負けのコク！

・豆板醤

手作りみそに刻んだ生唐辛子を入れて混ぜ、みそと一緒に発酵させていけば豆板醤になります。

・柿酢

皮をむいた柿と水だけでお酢になる！ ただし水分量が多いので腐りやすいです。上級者向け。

言霊《ことだま》で美味しく
な～れ

美味しくなるおまじない♡ バケツにマジックで愛の言葉を書き込みます。

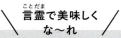

男の人も大好きなにんにく塩麹。もっとガッツリににんにくが効いたものにしたい人は、お好みでプラスしてみてください。

Cultivation Life

6

塩麹+にんにくがベストマッチ

8年つぎ足しみそやしょうゆ麹と並ぶ鉄板の調味料、にんにく塩麹。ベジ料理でも、肉や油を使ったかのようなコク旨料理が簡単に作れます。

作り方もすごく簡単。しょうゆ麹のレシピのしょうゆ部分を抜いて、麹に対して塩分濃度35%を保てる塩を足し、お好みの量のにんにくを加えるだけです。だいたい私は5粒をすりおろして入れていますが、スライスしたり、つぶしたり、まるごと入れても美味しい。

にんにく塩麹のにんにく部分をしょうがに替えた「しょうが塩麹」も、たまりません。しょうがの場合は、すったりみじん切りにしたりして、とにかくたくさん入れます。「食べるラー油」ならぬ「食べるしょうが塩麹」みたいな、薬味ソース的な感じで使っています。

右のにんにく塩麹とラム酒漬けの相性もバツグン！ ふたつを合わせると、甘じょっぱい特濃ソースに。

Cultivation Life

7

ドライフルーツはラム酒に入れて保存

みそ作りなどの育菌と並行して、長年やっている仕込みごと。それが、ドライフルーツのラム酒漬けです。ドライフルーツは大好きですが、食べきれずに余らせてしまうことがよくあるんです。そんなときに、ラム酒の中に余りを入れます。豆と同じく、いろいろ入っていたほうが味が混ざって美味しいので、レーズン、デーツ、干し柿など、どんどん足していきます。これがまた、熟成していてたまらない旨さ！ 1個をそのままで食べたり、味の違うドライフルーツを一緒に崩して食べたり。デザートと合わせて大人の味にするのもいいし、お肉を甘辛く焼きたいときにも使えます。

ラム酒がない場合は、ウイスキーで代用可。お酒に浸されているので、いつまでも持つ保存食です。

CHERRY BLOSSOM

透明なビンに漬けると白とピンクが見えてキレイ。桜と塩の配分は適当です。ただし腐らせないよう、左上写真くらいたっぷりの塩を入れます。

4月になったら八重桜しごと

お花見の季節になったら、〝八重桜しごと〟の時期が到来です。これが、〝しごと〟なんて言っていいのか迷うほど仕込みが簡単なのに、衝撃的なほど美味しいんです。

八重桜の花びらを洗って水を切り、塩で漬けるだけ。葉桜の時期になったら、葉っぱも洗って同じビンへ。私は毎年、桜の木がある友人宅から花びらと葉っぱをおすそ分けしてもらっています。

塩は桜の風味がついた桜ソルトになるし、花を水に浮かべれば、目にも楽しい塩分補給ドリンクに。葉っぱはおむすびに巻くと美味です。

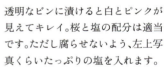

PLUM FRUIT

傷んだ実を除きつつ、塩と交互に入れていきます。バケツの底に溜まるくらい塩はたっぷりと。ここでも「いきいきペール」が活躍！

6月になったら梅しごと

八重桜しごとを終えて、初夏の陽気になってきたら今度は〝梅しごと〟です。

梅干しの仕込みはハードルが高いと感じる人が多いかもしれませんが、八重桜と大差ありません。梅の実を2～3時間水にさらしたあと、ヘタを楊枝で取り除いて、水気を切って塩で漬け、梅雨が明けたら干す。これだけです。干すこともプレッシャーに感じる必要はなくて、私は食べるぶんだけお皿に並べてベランダで天日干ししています。漬ける期間も干す時間も、すべてそのときの気分。干さずに、ジューシーな〝梅漬け〟として楽しむこともあります。

梅干し作りは塩の量がポイント

近年は減塩がブームですが、塩を減らすと腐る可能性が高くなるので、私は昔ながらの方法でうんと塩を入れます。塩分濃度20％以上を保っていれば、１００年でも持つ保存食に。塩辛いと感じるときは、食べるときに水にさらして塩抜きすれば、好きな塩味に調整できます。

PLUM FRUIT

赤じそは「ゆかり」に梅酢は「紅しょうが」に

塩に漬けると、次第に水分＝梅酢が出てきます。そこに赤じそを入れることで、赤い梅漬けができあがります。梅酢も濃いピンクになってすごくキレイなので、私は断然、赤じそ投入派！梅酢にしょうがを漬けて紅しょうがを作ったり、赤じそを干してゆかりにしたりと、楽しむ幅も広がります。

梅ひとつで6つの楽しみ方
梅しごとアラカルト

梅を塩以外で漬けてみる。梅と一緒に赤じそも干してみる。
“ついでしごと”で何度も変化するのが、
梅しごとの楽しさです。

・梅酒

梅を洗ってヘタを取り、みりんに漬けるだけ。もちろん砂糖も不要。好きなタイミングで飲みます。

・梅干し

ちゃんと乾かしたければ長く干しますが、ジューシーな梅干しを食べたいときは、干さずにそのままでも！

・梅しょうゆ

梅酒と同様、しょうゆに漬けるだけ。私は塩と手作りのしょうゆ麹で漬けます。ポン酢の代わりに。

・ゆかり

梅を干すときに、一緒に赤じそも干します。そのまま使っても、ミルで挽いてふりかけにしても。

・梅酢

塩と赤じそで漬けたときに出る、濃いピンクの汁。これで野菜を漬ければキレイな桜色の漬物に。

・梅ソルト

梅酢をお皿にあけて干せばピンク色の梅ソルトに。白い野菜や豆腐にちょっと添えると映えます。

ついには
畑で仕込みごと

Cultivation Life

8

質のいい えごま油を求めて

もっと仕込みごとを極めたい！と思い、時々、秩父の知り合いの畑へお手伝いに行きます。私が伺っている「モリシゲ物産」さんの畑ではえごまを育てていて、もちろん完全無農薬。このえごまの種を搾ってできるのが、今話題のえごま油です。「モリシゲ物産」さんのえごまで作られた「地と手」さんのえごま油は本当に美味しくて、ごはんにちょこっとかけて食べるのが超至福のとき。秋はワクワク、収穫の季節。花が落ち、実をつけてきたらいよいよです。手塩にかけて育てた、エネルギッシュなえごまの葉を見ると、感動もひとしお。最良の油になる日を楽しみに待ちます。

「モリシゲ物産」さんの
えごまで作った油！

「地と手」のえごま油。口に含むと一瞬で香ばしい香りが広がります！

EGOMA OIL

今日はえごまの葉をちょこっと分けてもらいました！お肉に巻いたり、しょうゆ漬けにしたりしていただきます。

生産者と触れ合って旬を感じる

私のお料理教室で使っている野菜は、各地の生産者さんから取り寄せた旬のものです。

以前から、お金を払った対価として野菜をもらうだけじゃなく、その人たちがどんな思いで作っているかを知りたいと思っていました。現場に行くと、楽な畑しごとなんてひとつもないことがわかります。

さらに作る過程での色んなエピソードや畑への思いを聞いて、「この人が作ってるから買いたい！」という気持ちがより確かに。大切に育んで創りあげた財産をいただく、という実感は、料理に向き合う気持ちにすごく影響しています。

FLORAL HONEY

Rawはちみつなら
花の味も感じられる！

春はアカシアや桜、初夏はミカン、秋はそばなど、時期によって採蜜する花が変化。花によって味が違うのが楽しい。

季節の花々のはちみつ

いきなり生産者のところへ行くのは敷居が高い、と感じている人でも、気軽に参加できるイベントがあります。

季節の花々から採れた、酵素たっぷりの国産はちみつ「オラトニアハニー」を作る工程を体験できるイベントは、さいたま市見沼区の養蜂家さんの手によるもの。収穫を体験できたり、分離器を使って巣枠から蜜を採取する様子を見学できます。もちろん、試食や購入も可能。

作った人に直接「ありがとう」と言ってお金を渡し、「ありがとう」と言われて商品をいただく。そんな温かな循環を感じる、美味しくて素敵なイベントです。

Column 2

コラム

除菌より、共菌のススメ

大きなものから小さなものまで、赤ちゃんはあらゆるものを舐めます。わ〜バッチイ！ なんて思わずに。無菌状態で生まれてくる赤ちゃんは、そうやって菌を補給しないとごはんを食べられるようになりません。菌を取り込むことで、お肉も消化できるようになっていくんです。

菌＝汚い、というイメージがありますが、実は除菌が必要なほどの菌は、日常生活に存在しません。

気をつけるべきは、除菌よりも自然なバランスに菌を保つこと。地球が何億年も続いてきた、そのままのバランスです。そこで動物や植物が成長を続けているのだから、人間にとってもベストな状態なんです。

ちなみに我が家は発酵しているものが多いし、なにより洗剤をあまり使わないので、都会でも珍しいほどに菌がいる環境だと思います。でも、それが原因で体調を崩したことはありません。

ナチュラルに、菌と共に生きる。そんな選択肢があることを知ってもらえたら嬉しいなと思います。

Chapter 3

都会でできる オールドスタイルな暮らしごと

NANA's Style

1

45歳の今がいちばん元気！

スタイリスト時代と現在。昔はジーンズ300本所有！ 靴は毎シーズン30足購入！ みたいな、とてつもない生活（笑）。今は1着を長く愛用するように。

私がベジ料理家になったキッカケは、自分自身の体調不良でした。

東日本大震災まではファッション関係の仕事をしていました。最初はデザイナーで、のちにスタイリストに転身。それはそれは目まぐるしく刺激的な毎日でした。でも、その傍らずっと体調は良くなくて、アレルギーやアトピーなど色んなものを抱えていました。アナフィラキシーショックを何度も起こし、「これは死ぬかも！」という思いをしたことから、食べ物について個人的に勉強するようになったんです。

そんな中、あの震災が起こりました。

体質を変えたくて前職の現場でもお弁当を持参。それが周りで「美味しそう！」と話題になり、ケータリングの依頼も引き受けていました。

体に困難を抱えているのに、環境まで困難になって、私はどうなるんだろうとすごく怖くなりました。「私、服を選んでいる場合じゃないかも！」と一念発起し、食の道を歩むことにしたのです。仕事を辞め、時間ができたので、とりあえず私の体を通して経験したこと、勉強したことをFacebookに投稿してみしました。食は人生に直結するから、情報は少しでも多いほうがいいと思ったんです。すると、みんなから「もっと知りたい」という反応があって。ちゃんと伝えるには？と考えぬいた結果、お料理教室を開くことにしました。

　教室をはじめて4年。今45歳ですが、アレルギーも改善して、自分史上いちばん元気です。顔が見える範囲で大切なことを伝えられる教室こそが、自分が笑って生きられる場所だなと感じています。

NANA's Style

2

エンゲル係数高そう!?
いえいえ、トータルは同じです！

自然栽培野菜を使ったお料理教室を開いているからか、すごく言われるのが「奈奈さんみたいな生活、すごくお金がかかりそう」という言葉。答えは断然ＮＯ！です。例えば「食用オイルが３０００円なんて高くて買えない！」という人。化粧品にはいくら使っているでしょうか？体に塗るものと体に入れるもの、どちらが肌にとって大切か考えたときに、私は後者だと思うのでオイルのほうにお金をかける。ただそれだけのことなのです。

良い食材は生活全般でも使えます。水回りの掃除はレモンと重曹だし、石けんはオイルと苛性ソーダで自作。化粧水も、はちみつと水で作っています。

自然の恵みを生活に活かすと、市販品を買う機会がぐっと減る。トータルでみれば支出に変わりはないんです。

左ページの写真は自作のオリジナルドリンク。コンビニにあるような飲料や調理済み食品は買わず、自分で作ります。それもまた、大幅な節約になっているのかも。

柑橘類とハーブは相性ぴったり。〈右〉レモンとハイビスカス、〈右下〉レモンとグレープフルーツとオレガノ、〈下中〉レモンとレモンバーム、〈左下〉夏みかんとビーツとハイビスカス。

竹、備長炭、大麻《おおあさ》など種類がありますが、初心者には竹をおすすめ。お手頃なのにオールマイティに使えます。

NANA's Style 3

炭ひとつで空気をクリーニング

炭は日々の生活に欠かせないアイテムです。水分を吸着して湿度を調整してくれたり、プラスイオンを吸ってマイナスイオンを出してくれたり、ダニやカビの繁殖も防いでくれます。空気清浄機の代わりとして、部屋に置いておくだけでOK。ミネラルがあるから、水に入れたりお米と炊いたりすると美味しくなります。

炭にたっぷり働いてもらうため、私は水に入れる or お米に入れる→お風呂に入れる→部屋に置く、という流れで活用しています。最終的には細かくして観葉植物の土へ。自然のものだから、ゴミにはならないんです。

不思議なことに、炭を枕元に置いたらよく眠れるようにもなりました。睡眠障害があったのに、今はグッスリ。心を落ち着かせる効果もあるのかもしれません。

① お水にIN

水の中に炭をひとつ入れるだけ。目で見て、ちょっと疲れてきた？と感じたら換えどきです。最長でも２ヶ月くらいで使い終えます。

お米にIN

炊飯時に入れます。ミネラル分が出てしまうので、こちらも長くて２ヶ月。なお、大麻の炭は柔らかいため、煮炊きには不向きです。

② お風呂にIN

遠赤外線の効果があるので、発汗や血液の循環を促してくれます。美白効果や、便秘、神経痛、頭痛、冷え性などにも効果アリ。

ネットに入れる

煮沸

③ 部屋に置く

お風呂で使ったものを天日で乾かしたら、そのまま部屋に置き、空気の浄化に。部屋用の炭が溜まってきたら、粉砕して植物の土として自然に戻します。

Charcoal

奈奈的・炭の使い道

最後の最後まで使い切る！
炭のリサイクル道、極まれり。

NANA's Style

④ 防虫対策にも手作りが効く！

防虫スプレーは、ウォッカ＋アロマオイル＋水で簡単に作れます。決め手となるのは、アロマオイル。虫は精油の匂いが大嫌いで、蚊はユーカリレモンやヒバ、ゴキブリはクローブの匂いに寄り付きません。そのほか、ゼラニウムやペパーミントなども虫除けに効果があります。

アロマオイルは、「プラナロム社」のものがオススメ。〝ケモタイプ〟といって、無農薬で作られているのはもちろん、薬効成分がちゃんと表示されているんです。

室内に散布するものは吸いこんでしまう可能性もあるので、安全な物だと分かると、シュッとひと吹きするときの安心感が違います。虫は嫌がり、人はリラックス。子どもにだってスプレーできる、優しい防虫剤です。

蚊よけとして、ユーカリレモンを使っています。蚊取り線香なら、「菊花せんこう」が天然成分なので安心。

自家製
虫よけスプレー

材料

・ウォッカ
・精油(ユーカリレモン&ラベンダー)
・精製水

作り方

スプレーボトルに5mlのウォッカを入れ、ユーカリレモン6滴、ラベンダー5滴程度を入れてよく混ぜる。そこに、45mlの精製水を加えれば完成。

ワンポイント

1ヶ月以内に使い切りましょう。

Gが嫌いな
ポプリ

材料

・クローブ
・精油(クローブ)

作り方

クローブを適量取り出し、そこにクローブの精油を適量注げばできあがり。台所などゴキブリが気になる箇所に置きます。

ワンポイント

保冷剤の中身のゲルを足すと、効き目が長持ちします。ただしペットや小さなお子さんがいる家庭は、ゲルを間違えて食べてしまう可能性があるため、控えましょう。

湯シャンが続くのは、ケミカルな油をほぼ摂らないこともあると思います。食べたものは油脂として出てくるんです。

NANA's Style

5

「湯シャン」はむしろ爽快！

「ベタつかないの？」、「臭いは気にならない？」なんてよく聞かれる湯シャン。ハードルが高いの、とてもわかります。私も最初は考えられませんでした。でも、まあ無理ならシャンプーすればいいか！と一度やってみたら、あれ？意外といける？なんて思って。湯シャン＆つげの櫛のコンボにしてみたらもうトリコです。シャンプーを使わないことで常在菌が死なないので、頭皮のバリア機能が回復して、髪が元気になりました。

料理で使ったレモンの皮を塩漬けに。湯船に入れると、ビタミンCが塩素を中和して肌に優しいお湯になります。

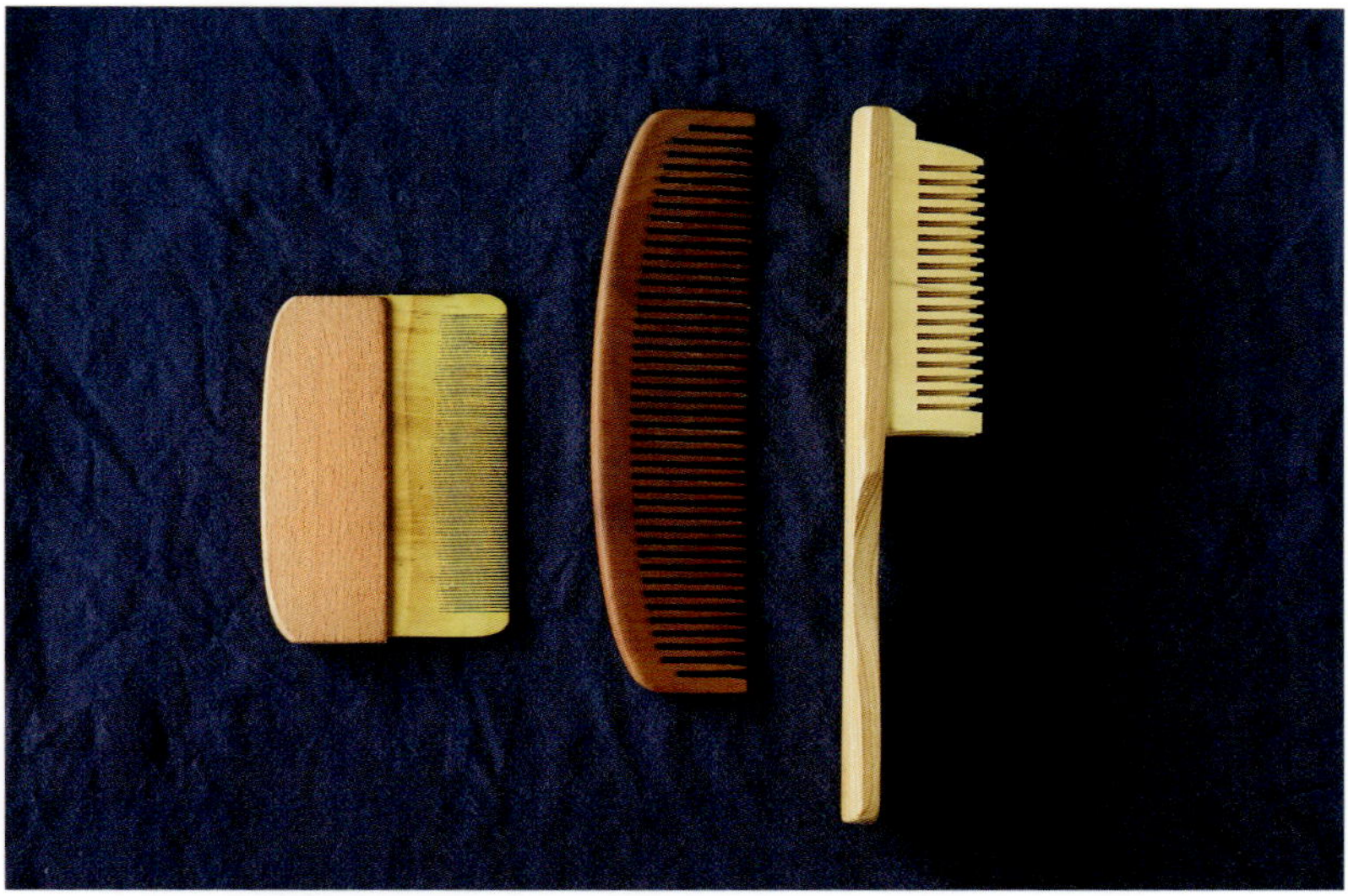

目の大きいブラシは頭をとく感じで頭皮からざっくりと、細かい櫛は毛をとくイメージで使うと気持ちいいです。

NANA's Style

6 価値観を変える「つげ櫛」

ぜひとも試してもらいたいのが、つげ櫛です。1回スーッととくだけで、えっ!? と声が出てしまうくらい、なめらかな髪になります。自分の髪の毛なのに、ずっと撫でていたくなるくらい。

といているときもすごく気持ちいいし、頭皮をぽんぽんと叩いたり、かっさ的に首や肩をグリグリするのも極楽。木は体内に溜まった電気を放出してくれる作用があるので、頭が軽くなります。私はこれを使い出してから頭皮の不調がなくなって、湯シャンが大丈夫になりました。

万能なブラシタイプをいちばん最初に買い、歯が折れたらイヤだなと思って中サイズの櫛も手に入れ、極めつけに細かい櫛も購入。完全にハマってしまいました。お値段はするけれど、一生モノの価値があります。

How To
自家製 炭酸パック

1

米ぬか大さじ1、重曹小さじ1、酢大さじ1を混ぜます。私は在来種の米ぬかと手作り柿酢を使用。

2

すぐに混ざってモコモコの泡が出現！ 肌に乗せ、しばらくしてから洗い流します。

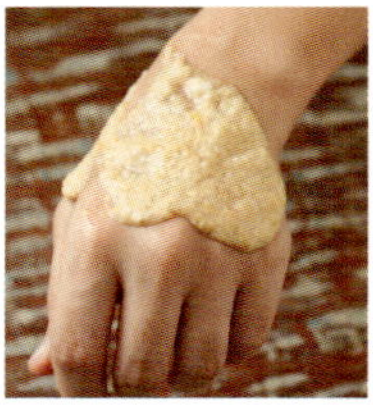

NANA's Style

7 シミを薄くする 米ぬか＋重曹＋酢

お料理教室でみんなにやってあげると、もれなく興奮してもらえるのがこの炭酸パックです。きめが細かくなって超しっとり、ツルンツルンのトゥルトゥルです。気づけば濃かったシミも薄く！

普段はお湯洗顔ですが、気が向いたときにこのスペシャルケアをして、ホフホフの泡に包まれています。

シリンゴル重曹
天然の重曹。炭酸パックのほかにも、掃除などいろいろな用途に使えます。
〈木曽路物産〉

数年前の私。左目の横に10円玉くらいの大きさのシミがクッキリ……。

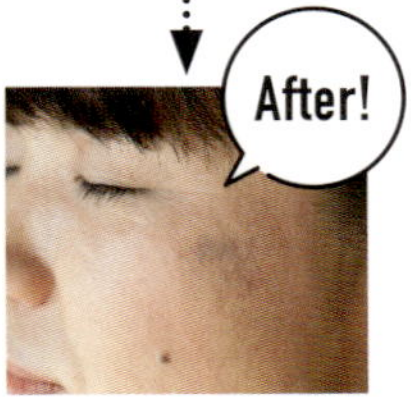

パックをはじめたら、1年半ほどでここまで消滅！ 自分が一番驚いています。

NANA's Style

8 私のスキンケアははちみつ水

はちみつを水で薄めたものが、私の化粧水。これがあれば、他になにもいらないくらいの最強のスキンケアになるんです。はちみつには高保湿成分、抗酸化作用、生きたミネラルがたっぷり。使うはちみつは、その日の気分で選んでいます。加熱処理されたはちみつはただの糖になってしまうので、Raw（非加熱）のものをセレクト。そのまま顔全体に塗ってお風呂に浸かるはちみつパックの時間も、うっとりです。

森羅万象 天山蜂蜜

ウイグル自治区天山山脈で、2週間だけ開花する貴重な野生花から採取。1本1本結晶が異なり、生きていることを実感。〈 Local is Global 〉

オラトニアハニー

桜やラベンダー、みかんなど、花を追いかけ巣箱を移動しながら集めたはちみつ。花によって味も成分も違うのが楽しい。

大豆のアワアワも捨てないで～！

大豆を煮たときに出る泡も洗顔にオススメ。サポニンという成分が、ちょうど良いバランスで油分を残しながら、汚れを落としてくれます。

Epilogue

毎日のお料理に
ドキドキとワクワクを
笑顔で作ることは、
幸せを仕込むこと

この本を手にとってくれた皆様、最後までお読みいただき、ありがとうございます。

私の体を変えてくれた食事を通して、このような書籍を作ることができて本当に幸せです！

食べることって毎日続いていくものだから、いかにモチベーションを上げながら日々のごはんに向き合うかって、すごく大切なことだと思うんです。

作っている人が、ちゃんと調理しながらワクワクドキドキできている？　そんなことを念頭に置きながら、レシピを考えるようにしています。作っている人が鼻歌交じりに作れなきゃ、そのごはんはきっと続かないと思うから。

だから、調理工程はできるだけ最小限がいいし、栄養たっぷりなんだけど、見た目は派手にしたことない（笑）。そんな、食べる人も、作る人にもお楽しみの多い食事を提供できるといいなと思っています。

食べることとは、命のエネルギーをチャージしているということであり、コミュニケーションが深まる時間と場。美味しくってキレイで栄養満点なごはんを食べていたらイヤなことも忘れちゃうし、笑っちゃう。食べるのも作るのも、愛がいっぱいなのがいいですよね。最近のギスギスした世の中は、みんな心も体も栄養不足なんじゃないかなぁ。

当たり前のことだけど、健康な体を作っているのは、今日食べた「ごはん」です。「その一口」を笑顔で食べられたのであれば、きっと体にも良く作用すると思うし、健康な体があれば、自分にもみんなにも優しくなれるはず。

そんな心地よい体を作る方法と、選べる知識、そして、ごはんを作る楽しみをこの本が担えれば、こんなに嬉しいことはありません。

最後に、このような機会を与えてくれた関係者の皆様に心からお礼を申し上げます。ありがとうございました。

2015年11月吉日

秋場奈奈

Shop List

AMRITARA	0120-980-092
アリサン	042-982-4811
岩戸館	0596-43-2122
インターフレッシュ	0120-55-1109
エコット	0952-23-6073
小笠原味淋醸造	0566-41-0613
オラトニアハニー	090-2497-7466
GIGA	03-3319-7272
木曽路物産	0573-26-1805
健康ストア健友館	0120-4649-40
コスメティックタイムズ	0120-88-7565
庄分酢	0944-88-1535
角谷文治郎商店	0566-41-0748
地と手	090-9314-2465
天神自然農園	0835-23-3008
ナチュラルライフフーズジャパン	support@nlfjp.com
ナチュラルキッチン	0120-572310
日本ビール	03-5489-8888
ぬちまーす	0120-70-1275
白扇酒造	0574-43-3835
PACHAMAMA	03-5287-1440
馬場本店酒造	0478-52-2227
ピュア☆ラ☆バリ	pure-la@cside1.com
福光屋	0120-293-285
ふるさと物産	017-726-8955
プレマ	0120-841-828
マルカワみそ	0778-27-2111
ヤマキ	0274-52-7070
ラインズ	0120-55-8349
リブレライフ	0120-31-0366
Local is Global	03-6455-3677

Vege料理家・秋場奈奈の

美味《おい》しごと、仕込《しこ》みごと

著者 秋場奈奈

2015年12月10日 初版発行

発行者 横内正昭

編集人 青柳有紀

発行所 株式会社 ワニブックス

〒150-8482

東京都渋谷区恵比寿4-4-9 えびす大黒ビル

電話 03-5449-2711（代表）

03-5449-2716（編集部）

ウェブサイト 〔ワニブックス〕

http://www.wani.co.jp/

〔正しく暮らすシリーズ〕

http://www.tadashiku-kurasu.com/

印刷所 凸版印刷株式会社

製本所 ナショナル製本

構成

安部しのぶ

カメラマン

長谷川 梓、内山めぐみ

デザイン

藪内新太

イラスト

栗原由子

ヘアメイク

上原克子

スタイリング

秋場奈奈

協力

地曳直子、尾賀直子

株式会社ブランシェ・アソシエ

有限会社モリシゲ物産

ZWILLING J.A. HENCKELS

JAPAN LTD.

校正

玄冬書林

編集

吉本光里、有牛亮祐

（ワニブックス）

ISBN 978-4-8470-9392-0

LOTS OF LOVE ♡

食べ物が私たちの体の中に入って
元気な細胞が作られますように。
たっぷりの愛を込めて。